¿QUÉ ES FILOSOFÍA PROFUNDA?
Filosofía desde nuestro interior

Loyev Books

¿QUÉ ES FILOSOFÍA PROFUNDA?

Filosofía desde nuestro interior

por

Ran Lahav

Traducción de Alejandro Rodríguez y Juan José Grande

Loyev Books

Hardwick, Vermont, USA

PhiloPractice.org/web/loyev-books

Título original en inglés: *What is Deep Philosophy?*
(Loyev Books, 2021)
Text copyright @ 2022 by Ran Lahav
All Rights Reserved – Todos los derechos reservados
Cover photograph © 2022 Ran Lahav

ISBN-13: 978-1-947515-13-0

Loyev Books
1165 Hopkins Hill Rd., Hardwick, Vermont 05843, USA
https://PhiloPractice.org/web/loyev-books
https://dphilo.org/books

Los traductores:
Alejandro Rodríguez Martínez es un filósofo práctico y profesor mexicano, quien también es miembro del Grupo de Filosofía Profunda.
Juan José Grande es un profesor de filosofía argentino y facilitador de Filosofía Profunda desde 2020.

ÍNDICE DE CONTENIDOS

Prefacio vii

Parte A: PRIMER ENCUENTRO CON FILOSOFÍA PROFUNDA 1

Capítulo 1: Destellos de Filosofía Profunda 3

Capítulo 2: Momentos de contemplación 17

Capítulo 3: Reflexiones sobre el significado de Filosofía Profunda 26

Capítulo 4: Comprensión Experiencial 38

Capítulo 5: Ensueños sobre los horizontes más amplios 48

Parte B: RAÍCES DE FILOSOFÍA PROFUNDA 57

Capítulo 6: El grupo de Filosofía Profunda 59

Capítulo 7: Raíces históricas 72

Parte C: PILARES DE FILOSOFÍA PROFUNDA 84

Capítulo 8: Resumen de los siete pilares 85

Capítulo 9: Reflexiones sobre los siete pilares 92

Parte D: LA PRÁCTICA DE FILOSOFÍA PROFUNDA 121

Capítulo 10: El marco general 122

Capítulo 11: Métodos 130

Capítulo 12: Después de la sesión 150

PREFACIO

Filosofía Profunda significa hacer filosofía desde nuestra profundidad interior. Esta es una búsqueda filosófico-contemplativa, y el Grupo de Filosofía Profunda es un grupo internacional de personas dedicadas a esta búsqueda. Al contemplar los aspectos fundamentales de la vida, buscamos relacionarnos con el fundamento de la realidad humana. Al hacerlo desde nuestra profundidad interior, buscamos dar voz a nuestras sensibilidades y anhelos personales más profundos. Al contemplar los textos de la historia de la filosofía, buscamos participar en la rica sinfonía de voces humanas de todos los tiempos. Y al contemplar en unión con nuestros compañeros, buscamos trascender los límites de nuestro punto de vista individual y formar parte de una perspectiva más amplia de la humanidad.

Filosofía Profunda es el producto de cuatro décadas de mi búsqueda personal por una filosofía que fuera intelectualmente responsable, pero personalmente profunda y significativa. Comencé esta búsqueda como estudiante universitario de filosofía, y más tarde como profesor universitario, anhelando explorar el fundamento de la realidad humana, pero insatisfecho con las distantes abstracciones del discurso académico. Durante esos primeros años me encontraba en un estado de amor no correspondido; enamorado de la búsqueda filosófica, pero sufriendo la frialdad y el intelectualismo de la filosofía que conocía. Sin embargo, mirando ahora hacia atrás, tengo que admitir que le debo mucho a mis estudios y trabajos académicos, porque me han proporcionado habilidades y conocimientos cruciales que sirvieron de base intelectual para futuros desarrollos.

Mi éxodo fuera del mundo académico comenzó cuando, siendo un joven profesor universitario, conocí el campo de la llamada consultoría filosófica, o más ampliamente de las prácticas filosóficas. Este pequeño movimiento internacional me entusiasmó al principio como una forma potencial de unir la filosofía y la vida. Participé activa e internacionalmente en este movimiento, pero después de varios años me di cuenta de que no era lo que yo buscaba. Quería una filosofía que profundizara en la vida, no que la domesticara y la satisficiera; una filosofía que creara una transformación interior, no que solamente resolviera problemas personales; una filosofía que fuera fiel a la misión filosófica original de conectar con el fundamento de la realidad en la medida en que fuera humanamente posible.

Me llevó algunos años más encontrar mi camino. Comenzó a muy pequeña escala: Al principio, talleres de autorreflexión que impartía aquí y allá; luego una serie de sesiones online que organicé con amigos y colegas; después talleres experimentales, retiros y grupos online. Con el tiempo surgió una nueva estructura de filosofía contemplativa, al principio con el nombre de "Companionships filosóficos" y más tarde como "Filosofía profunda".

Sólo ahora sentí que finalmente había alcanzado lo que había estado buscando durante décadas de actividad filosófica: Una búsqueda verdaderamente filosófica del fundamento de la realidad, personal, profunda, contemplativa y en unión con mis compañeros y con los pensadores del pasado. Ahora estaba dispuesto a crear, con la ayuda de compañeros afines, el Grupo de Filosofía Profunda. En este grupo internacional contemplamos, exploramos nuevos caminos y ofrecemos sesiones filosófico-contemplativas a otros que también buscan.

Lo más importante es que Filosofía Profunda no es un invento nuevo. Nada es completamente nuevo en la historia del pensamiento. Las raíces de Filosofía Profunda pueden encontrarse a lo largo de la historia de la filosofía, desde las prácticas de los antiguos pensadores griegos y helenísticos, pasando por los escritos filosófico-poéticos del romanticismo alemán y de los trascendentalistas americanos, hasta los pensadores existencialistas y otros más.

Estas raíces históricas atestiguan que Filosofía Profunda es una nueva rama del milenario árbol humano de la sabiduría filosófica. Desde luego, no es una respuesta definitiva, ni para mí ni para nadie. Como nos muestra la historia, la filosofía es una polifonía histórica de voces que sigue desarrollándose y adquiriendo nuevas formas. Tengo la esperanza de que Filosofía Profunda no se petrifique en una doctrina fija, sino que inspire a otros buscadores a seguir renovando la interminable búsqueda histórica de sabiduría y profundidad.

Ran Lahav
Vermont, USA, 2021

Parte A

PRIMER ENCUENTRO CON FILOSOFÍA PROFUNDA

No es fácil hacer una descripción sistemática de Filosofía Profunda. Como muchas otras actividades humanas, Filosofía Profunda no es algo unitario. Surgió de una variedad de experiencias y anhelos personales, fue guiada por diversas comprensiones profundas e intuiciones que ganaron importancia en diferentes momentos, y fue moldeada por una red de consideraciones que surgieron en respuesta a desafíos específicos.

Por lo tanto, una exposición sistemática de Filosofía Profunda sería necesariamente una interpretación retroactiva, más parecida a un folleto simplificado para turistas que a una descripción fiel del terreno real. No obstante, una exposición de este tipo, aunque sea algo forzada, podría ayudar a arrojar luz sobre la naturaleza de Filosofía Profunda, siempre que se entienda como un esbozo aproximado.

En este libro deseo presentar los principales temas que se encuentran en el ámbito en evolución de Filosofía Profunda, incluyendo su rica —y tal vez confusa— textura de experiencias, ideas y prácticas. Mi presentación será necesariamente algo fragmentada, aunque creo que los fragmentos se sumarán a un todo más o menos coherente.

El panorama general de Filosofía Profunda puede dividirse en tres dimensiones principales: En primer lugar, la dimensión teórica, que comprende los conceptos y principios básicos en los que se basa la práctica de Filosofía Profunda. Segundo, la dimensión histórica, específicamente sus raíces históricas y fuentes de inspiración. Y tercero, la dimensión de la práctica, que incluye sus principios metodológicos generales y el repertorio de ejercicios y procedimientos.

Antes de profundizar en cada una de estas dimensiones, un buen punto de partida serían algunos destellos preliminares de Filosofía Profunda —experiencias, observaciones, ideas fragmentarias, especulaciones metafísicas— ligeramente organizadas según el contenido, pero no forzadas en una estructura artificial.

Capítulo 1

DESTELLOS DE FILOSOFÍA PROFUNDA

Podemos empezar a apreciar el espíritu de Filosofía Profunda cuando nos damos cuenta de que está íntimamente relacionado con ciertas experiencias preciosas que muchos de nosotros tenemos ocasionalmente en momentos cotidianos. Estas experiencias suelen ocurrir espontáneamente. Puede que cuando nos estemos ocupando de nuestra vida cotidiana, ellas, de repente, revoloteen en nuestra conciencia; en forma de una preciosa comprensión profunda, o de una comprensión que parece venir de ningún lugar, acompañado de una sensación de presencia y realidad. A menudo estas experiencias son demasiado fugaces para atraer nuestra atención, pero si las notamos, si prestamos atención a sus cualidades especiales, entonces estamos dando un primer paso hacia Filosofía Profunda. Porque Filosofía Profunda gira en torno a estos momentos especiales.

Burbujas de comprensión

A veces ocurre en un pequeño momento inesperado —en medio de una conversación, en el trabajo, mientras doy un paseo— que una "burbuja" de comprensión profunda sube a mi conciencia, como una burbuja de aire que sube desde la profundidad de un lago hasta la superficie del agua. Llega a mi mente como si viniese de otra parte, como un susurro silencioso de una profundidad desconocida de mi ser. Degusto esta nueva comprensión y percibo lo precioso de ella. La burbuja puede ser apenas perceptible, y la comprensión profunda que me aporta puede ser poca, pero aun así, tiene una cualidad peculiar de realidad y significatividad especiales.

Y entonces me doy cuenta: No todo lo que me sucede se origina en el mismo lugar de mi mente; no todo proviene de mi yo familiar. Hay dimensiones ocultas de mi ser, más allá de la estructura psicológica que llamo "yo", que son fuentes de preciosa inspiración.

Cuando el pensamiento es suspendido

Me siento a leer, y mi mente, normalmente inquieta, se encuentra a sí misma siguiendo con calma y gentileza las líneas impresas. Las palabras del texto comienzan a flotar dentro de mí con una significatividad especial, las escucho en silencio y noto su presencia. Mis pensamientos se hacen más lentos y una peculiar quietud desciende sobre mí, clara y apacible. Ahora me doy cuenta de lo ruidosa que había sido mi mente. Una nueva comprensión profunda puede aparecer en esta maravillosa quietud, apenas descriptible con palabras, pero intensamente presente. Me revela nuevos significados innombrables, y yo los degusto.

Es como si una fuente diferente de comprensión estuviera pensando dentro de mí, más profunda que mi yo pensante y habitual. Es, tal vez, una dimensión oculta de mi ser la que hace nacer esas nuevas comprensiones, un manantial oculto más allá de los confines habituales de mi mente, o un vasto océano de significados que vierte sus preciosas aguas en mí.

Contemplación

Mis preciosas burbujas de comprensión a menudo son espontáneas: De repente, surgen en mi conciencia por sí mismas, como si se trataran de un regalo proveniente de otro lugar, flotando suavemente en mi interior durante un tiempo y luego desapareciendo. No puedo producirlas a voluntad, sólo puedo preparar un espacio interior para ellas, un claro en el bosque de mi mente, para recibirlas si es que llegan.

Silencio mi alboroto interno y escucho tranquilamente dentro de mí. Espero. Sé que debo ser paciente, pero no completamente pasivo. He descubierto que, si coloco un pensamiento en esta quietud interior y reflexiono gentilmente sobre él, a veces surge una burbuja de preciosa comprensión.

Un pensamiento, si se maneja con cuidado, puede servir como una semilla de comprensión profunda.

Y ahora ya no soy más un receptor sorprendido de comprensiones inesperadas. Estoy moldeando intencionadamente mi actitud interior. A esto se le llama contemplar; silenciar mi pensamiento, abrir un espacio interior de escucha, colocar en él una semilla de comprensión —una oración, una idea, un texto— y escuchar una respuesta proveniente de otro lugar.

Contemplación filosófica

Quiero leer un texto en contemplación, escucharlo desde mi silencio interior. Pero, ¿qué tipo de texto debe ser?

Podría contemplar una canción popular, o una columna de periódico, o un artículo científico. Sin embargo, de alguna manera, estos textos no suscitarían la inspiración adecuada. Son demasiado concretos y específicos para dar lugar a profundas y preciosas comprensiones.

Para la contemplación, las palabras deben referirse a significados primordiales. Deben apuntar más allá de los hechos y objetos concretos, a un reino de dimensiones mayores.

Tales son las palabras de la filosofía, al menos de una filosofía que es profunda. Un texto filosófico profundo se ocupa de los significados fundamentales. Contemplar un texto filosófico se llama contemplación filosófica. Significa escuchar los significados básicos de la realidad humana. Estos significados no aparecen "dentro" de mi mente; son demasiado primordiales para ser "míos" o estar "dentro" de mí. Provienen de una realidad mayor que me envuelve. En la contemplación filosófica escucho significados fundamentales "a través" de un texto filosófico. Leo en silencio las ideas filosóficas mientras permito que hablen dentro de mí, sin imponer mis opiniones sobre ellas, sin analizar, asentir o disentir. Y, entonces, a través de esas ideas recibo comprensiones preciosas que emergen de mi profundidad y me llenan con una presencia poderosa.

Filosofía Profunda

Después de que experimento la contemplación filosófica, después de ser testigo de la presencia intensa y preciosa de comprensiones profundas, deseo convertir esto en una práctica regular y dedicar a ella parte de mi tiempo.

Puedo hacerlo por cuenta propia y silenciosamente en mi habitación. Pero también puedo encontrar varios compañeros que quieran practicar la contemplación filosófica en conjunto, ya sea porque ellos también han experimentado lo mismo que yo o porque tienen curiosidad de intentarlo.

Y ahora somos un grupo de contempladores filosóficos. Nos reunimos periódicamente y contemplamos juntos. Elegimos ciertos procedimientos a seguir y una lista de textos filosóficos. Ahora somos un grupo, un grupo de Filosofía Profunda.

Ejercicios contemplativos

Al comienzo nuestro grupo quería contemplar de manera libre, simplemente abriendo el corazón y la mente para escuchar en silencio los significados profundos y fundamentales a través del texto. Pero la mente no se abre por sí sola. Está gobernada por rígidos patrones psicológicos de pensamiento. No es tan libre como aparenta ser, porque está controlada por un piloto automático llamado psicología.

Debemos apartar nuestros patrones psicológicos y orientar la mente hacia una escucha interior profunda, pero esto no es fácil de conseguir sin las técnicas apropiadas. Debemos usar ejercicios especiales, como leer el texto muy lentamente, o hablar de maneras inusuales, o forzarnos a escuchar el sonido de las palabras mientras resuenan en la habitación, o recitar una oración una y otra vez hasta que se desintegre su significado original, o formular ideas en un estilo preciso, rítmico y poético.

Todo esto puede sentirse artificial al comienzo, e incluso molesto y aburrido. Pero no hay otro camino: Si queremos desprendernos de nuestros patrones usuales de pensamiento, debemos imponerle a la mente limitaciones artificiales.

La sesión contemplativa

Nosotros podríamos querer convertir la Filosofía Profunda en una forma de vida, sin limitarla a sesiones específicas en momentos específicos durante la semana. Podríamos pensar que la conexión con nuestras experiencias más profundas debe permanecer siempre con nosotros, en todo lo que hacemos, como un silencio interior y una realidad preciosa sin interrupción. No obstante, esta no es una aspiración realista. Tenemos una vida que vivir, y no podemos sentarnos y contemplar durante el día entero. Filosofía Profunda no significa abandonar la vida, sino enriquecerla con una dimensión más profunda.

Es por eso que practicamos Filosofía Profunda en sesiones de una o dos horas, que nos nutren por el resto de la semana. Por un determinado período de tiempo dejamos nuestras actividades cotidianas y nos sumergimos en ideas filosóficas y significados fundamentales. Cuando la sesión termina, la experiencia intensa se disipa, pero nuestra consciencia general de la profundidad permanece.

En esto, Filosofía Profunda es como el amor. Amar no significa rebosar de emoción en cada momento del día. Sino que incluye también conversaciones y planeación. Resolver problemas, limpiar la casa o cocinar, así como esforzarse y sufrir juntos. Filosofía Profunda es un tipo de amor; un amor por la profundidad de la realidad. Y tal como los amantes deben nutrir su amor con periodos de "tiempo de calidad" de intensa unión, así es también con Filosofía Profunda. Nuestro "tiempo de calidad" son nuestras sesiones contemplativas.

Pero, a pesar de que Filosofía Profunda está inspirada por el amor, ella no es sólo una espontánea expresión del corazón. Si queremos que nuestro anhelo trascienda la prisión de nuestra psicología habitual, necesitamos técnicas para conseguirlo. Una sesión, entonces, es una secuencia estructurada de ejercicios y técnicas.

Muchas de nuestras sesiones contemplativas son online. Usando la plataforma Zoom, entre cinco y doce participantes de todo el mundo, nos reunimos en la pantalla y contemplamos en unión por una o dos horas una vez a la semana. Cuando es posible organizamos un retiro de Filosofía Profunda en una ubicación geográficamente conveniente y pasamos un fin de semana juntos. Pero independientemente del formato, el núcleo de cada sesión de Filosofía Profunda es siempre el mismo: Contemplar en unión desde nuestra profundidad interior.

Así, una sesión contemplativa es un intervalo que se separa del resto del día o de la semana. Se trata de un "claro" en el "bosque" del día a día de nuestras ocupadas actividades. Como el tiempo de calidad de los amantes, o el tiempo sagrado de los chamanes, sirve para intensificar nuestro encuentro con la realidad fundamental. También es análogo a la plegaria religiosa, un breve intervalo de tiempo en el cual los practicantes se reconectan con una dimensión superior.

Textos para la contemplación
Los filósofos, a través de las épocas, han pretendido que sus filosofías expresen verdades sobre la vida y la realidad. De hecho, eso es lo que encontramos en un típico texto filosófico: Una teoría sobre la libertad o sobre el conocimiento, argumentos a favor de la existencia de Dios o argumentos en contra, afirmaciones sobre la naturaleza de la belleza o de la justicia.

Pero para nosotros, en Filosofía Profunda, un texto filosófico es más que una afirmación intelectual. Cuando leemos un texto filosófico con silenciosa atención, en ocasiones nos conmueve profundamente, inspira y despierta dentro de nosotros algo más profundo que meros pensamientos impersonales. Es como si una dimensión oculta de nuestro ser despertara por breves momentos.

En tales momentos, nuestro texto filosófico es más que una teoría. No nos da solamente ideas intelectuales para examinar abstractamente, ni sólo una teoría que analizar, sino una presencia viviente dentro nuestro. Nosotros notamos cómo el texto le da voz a significados ocultos, y sentimos su realidad y su presencia preciosa.

Este es el corazón de la contemplación de textos, que es la actividad central de las sesiones de Filosofía Profunda. Es una forma estructurada de lectura, compuesta de procedimientos o ejercicios que ayudan a superar nuestros patrones normales de pensamiento y asumir un estado mental contemplativo de escucha interior. Distinto a las maneras ordinarias de leer, en las que imponemos nuestro razonamiento y nuestras opiniones a la lectura, en la contemplación de textos dejamos que el texto hable dentro nuestro. Y cuando hacemos esto, significados profundos aparecen en nuestra conciencia como por sí mismos.

La experiencia de la contemplación filosófica

En tanto contempladores, frecuentemente experimentamos significados profundos que surgen del texto con una sensación especial; intensa, real, preciosa, y de silenciosa presencia. Podemos sentir que "algo más grande que yo" está pensando dentro nuestro, o que estamos abiertos a una realidad más amplia.

Estas experiencias indican que lo que está ocurriendo dentro de nosotros en esos momentos no es algo ordinario. Nuestras maneras habituales de pensar no nos dominan más, y una dimensión latente de nuestro ser es despertada.

Esta dimensión adicional es lo que llamamos "profundidad interior". Experimentamos nuestra profundidad interior como una *fuente* de un tipo especial de comprensión. En la contemplación nosotros no pensamos desde nuestros mecanismos psicológicos ordinarios, como normalmente hacemos, sino desde nuestra profundidad interior. De aquí el nombre "Filosofía Profunda".

Profundidad interior

La profundidad interior es el "lugar" dentro de mí donde se desarolla el drama de la contemplación. Cuando contemplo, pienso desde mi profundidad interior, escucho desde ella, hablo y me comunico desde ella. A través de la práctica de la contemplación espero despertar y cultivar mi profundidad interior.

"Profundidad" es una metáfora, una bastante común. En el lenguaje cotidiano podemos decir "Este es un libro profundo" o "Ella es una pensadora profunda", y del mismo modo podemos hablar de una "emoción profunda" o de una "relación profunda". No está claro si todas estas expresiones tienen el mismo significado, ya que el lenguaje cotidiano suele ser laxo e inconsistente. Pero en Filosofía Profunda, utilizamos la noción de "profundidad" más específicamente para referirnos a una dimensión de nuestro ser en la que experimentamos un pensamiento y comprensión primordiales.

Como saben los contempladores, es prácticamente imposible describir nuestra profundidad interior. Parece ser una dimensión de uno mismo que no es accesible al lenguaje, y por lo tanto que es más primordial que nuestras capacidades lingüísticas. Suele estar latente y oculta, pero cuando se despierta en la contemplación, mis pensamientos son claros, tranquilos y están plenamente presentes, emanando una sensación de preciosa realidad. "Escucho" interiormente y soy testigo de nuevas y sorprendentes comprensiones que surgen en mi profundidad. Es como si algo más grande que mi yo habitual pensara a través de mí. En comparación con esta maravilla, mi pensamiento ordinario se siente apagado y sin vida.

La profundidad interior, entonces, como un manantial que vierte su agua desde la profundidad de la tierra, es una fuente que hace brotar significados primordiales a la superficie visible de nuestra conciencia.

Abstención filosófica

Cuando contemplamos un texto filosófico profundo y degustamos sus ideas, nos encontramos a nosotros mismos en una situación peculiar: Por un lado, el texto puede tocarnos con una poderosa sensación de preciosa realidad. Por otro lado, no estamos necesariamente de acuerdo con el texto ni lo aceptamos como verdadero. De hecho, el texto puede contradecir a otro texto que nos parece igualmente inspirador. ¿Cómo pueden impresionarnos por igual dos ideas contradictorias?

Esto parece desconcertante siempre que tratemos las ideas del texto como una teoría, es decir, como una afirmación sobre el modo en que las cosas son, y por consiguiente, como verdadera o falsa. Dos teorías diferentes que describen el mismo objeto de forma distinta no pueden ser ambas correctas.

Esta perplejidad se resuelve cuando nos damos cuenta de que, durante la contemplación, un texto filosófico nos conmueve no por su verdad sino por su profundidad, no por lo que nos dice sobre la realidad sino por los significados que revela. Recibimos del texto no verdades fundamentales sino significados fundamentales.

Estos significados fundamentales se suscitan en nuestra profundidad interior cuando escuchamos interiormente el texto. Y cuando esto ocurre, nuestra poderosa experiencia de realidad nos dice que nos estamos relacionando íntimamente con algo muy real, aunque no podamos pretender saber exactamente qué es. Es como si estos significados fueran "sonidos" o "voces" que de alguna manera llegan a nuestros "oídos" sin revelarnos de dónde vienen y de quién es la voz. Pero para poder "escuchar" estos significados fundamentales, debemos tratar al texto como un portador de significados, es decir, abstenernos de juzgar su verdad como teoría. No debemos estar de acuerdo o en desacuerdo con él, sino tratarlo como la expresión de un determinado encuentro humano con la realidad. Porque el escritor original del texto —al igual que nosotros los contempladores— no pudo captar la realidad fundamental con sus teorías, sino sólo "escuchar" los significados que le suscitó su encuentro con ella.

Historia de la contemplación de textos
La contemplación de textos tiene raíces históricas en varias tradiciones espirituales y de sabiduría. Un ejemplo son las prácticas de los filósofos estoicos, en el antiguo mundo helenístico y romano; ellos contemplaban los principios estoicos mediante ejercicios de escritura, lectura, imaginación y pensamiento. Otro ejemplo es la antigua práctica cristiana de la *Lectio Divina*, que fue estandarizada en el siglo XII por el monje cartujo Guigo II. Consiste en leer las Sagradas Escrituras de forma meditativa, mientras se escuchan internamente los significados divinos que aparecen en la mente del practicante.

Sin embargo, a diferencia de esas tradiciones espirituales, en Filosofía Profunda no adherimos a ninguna doctrina, ya sea filosófica, religiosa o de otro tipo. Nuestros textos proceden de todos los enfoques y períodos históricos, ya que buscamos la rica polifonía de voces humanas, no una única enseñanza autoritaria. Normalmente utilizamos en cada sesión un extracto de 1 o 2 páginas tomado de una obra filosófica más amplia. Son especialmente eficaces los extractos que son concisos e incluso poéticos, y que tratan de situaciones humanas como el amor, la autenticidad o el anhelo. Para una serie de sesiones podríamos seleccionar una serie de textos históricos que expresen una variedad de puntos de vista sobre el mismo tema. Para nosotros, esos diferentes puntos de vista se complementan como los diferentes instrumentos musicales en un concierto.

Voces de la realidad humana
En Filosofía Profunda nos esforzamos por conectar con la profundidad de la realidad humana tan íntimamente como sea humanamente posible. No buscamos teorizar sobre lo profundo; eso significaría mirarlo desde la perspectiva de un observador externo y, por lo tanto, objetivarlo y convertirlo en una cosa a observar, independiente del filósofo que piensa. También significaría objetivarnos a nosotros como sujetos, pretendiendo que somos una "cosa" que piensa (usando las palabras de Descartes).

Queremos entrar en contacto con la realidad antes de que se objetive a través del pensamiento y el lenguaje, antes de que aparezca la distinción sujeto-objeto, antes de que nuestros mecanismos psicológicos de pensamiento impongan sus patrones. Para ello, ninguna descripción que sea "sobre" la realidad funcionaría, ninguna teoría que intente representar la realidad o capturarla con sus enunciados.

Llamamos a esta dimensión primordial "voces de la realidad humana". Esta expresión indica varias cosas:

En primer lugar, indica que no nos referimos aquí a experiencias subjetivas en nuestra mente, sino a la realidad de la que formamos parte, el océano en el que somos una ola.

En segundo lugar, la expresión indica que este reino primordial no consiste en objetos y hechos, ni siquiera en palabras y conceptos, sino en los significados que yacen detrás de ellos. Esto queda implícito en la metáfora de las "voces": La voz de un hablante no es sólo un sonido físico, sino también el significado que transmite. "Voces" es una metáfora que se refiere a la dimensión de los significados básicos.

Pero en tercer lugar, la noción de "voces" también indica que esos significados primordiales son fluidos y cambiantes. Esto se debe a que surgen de nuestro encuentro con la realidad, y esos encuentros cambian a medida que cambian las situaciones humanas, tanto cultural como individualmente.

En cuarto lugar, la expresión nos recuerda que estos significados básicos llegan a nosotros no como objetos de nuestro pensamiento o experiencia, no como un contenido a captar, sino a través de una inspiración directa como un estremecimiento que resuena en la mente. Están encarnados en nosotros, haciendo eco a través de nuestro ser.

¿Hasta qué punto son fundamentales estas voces? ¿Son la realidad última, como Dios? Obviamente no podemos hacer estas afirmaciones. Como seres humanos estamos limitados en formas que no podemos comprender. No podemos entender lo que yace más allá de nuestro horizonte. Estas voces son primordiales dentro de nuestros horizontes humanos, dentro de los ámbitos que en principio nos son accesibles. Por eso las llamamos "voces de la realidad humana".

Entonces, ¿qué es Filosofía Profunda?

Si tuviera que definir Filosofía Profunda en una sola oración, diría: En Filosofía Profunda contemplamos cuestiones básicas de la vida desde nuestra profundidad interior, en unión con nuestros compañeros y con textos filosóficos históricos.

Esta formulación nos dice, en primer lugar, que Filosofía Profunda es una forma de filosofía. Al igual que numerosos filósofos a lo largo de la historia, explora aspectos fundamentales de la vida y la realidad. Pero también nos dice que Filosofía Profunda implica un tipo especial de filosofar. A diferencia del típico pensamiento académico, en el que pensamos desde nuestro intelecto, en Filosofía Profunda pensamos desde nuestra profundidad interior, es decir, contemplamos.

Además, esta formulación también nos dice que Filosofía Profunda es primordialmente una actividad grupal, practicada en pequeños grupos de personas. A diferencia de los habituales grupos de discusión, los participantes no debaten, ni juzgan, ni expresan sus opiniones. Más bien, reflexionan en unión, resonando unos con otros como músicos que improvisan juntos, creando juntos una polifonía filosófica.

Por último, esta formulación nos dice que en Filosofía Profunda nos relacionamos con pensadores históricos anteriores. La filosofía, en el sentido occidental del término, es una larga tradición. Es un discurso histórico en el que cada pensador emerge trasfondo de los pensadores anteriores, ya sea explícita o implícitamente, y continúa el discurso hacia el futuro. Ningún filosofar puede partir de cero, ni puede separarse de su historia. Por eso, en nuestras sesiones contemplamos un texto filosófico histórico; no como una autoridad a la que seguir, sino como un material con el que trabajar y con el cual resonar, y como un punto de partida para desarrollar nuestras comprensiones personales.

Capítulo 2

MOMENTOS DE CONTEMPLACIÓN

Contemplación individual de textos
En silencio, abro mi libro y contemplo mi texto diario, mis ojos se deslizan gentilmente sobre los renglones. Las palabras del famoso filósofo flotan suavemente en mi mente: libertad, alma, naturaleza —y escucho el silencio que las envuelve—. Ahora todo está presente e impregnado con significados profundos, y los recibo con gratitud incluso cuando no puedo aprehenderlos por completo en mi mente. Sé que no debería tratar de analizarlos o imponerles mis interpretaciones. Les permito hablar dentro de mí como les plazca y escucho sus voces.

¿Estoy de acuerdo o en desacuerdo con el texto?

En la quietud del momento no hay correcto e incorrecto, no hay acuerdo o desacuerdo. Hay significados flotando como música en el aire, y ellos no piden mi opinión. Las opiniones pueden ser correctas o incorrectas, las teorías pueden ser acertadas o erróneas, pero lo que habla dentro de mí a través de esas páginas es completamente diferente. No trata de declarar o convencer o describir cuestiones de hecho. Como una melodía, simplemente es.

Yo sé, por supuesto, que el antiguo escritor que ha escrito el texto pretendía escribir una teoría. Él creía que estaba haciendo una afirmación sobre la vida —sobre la naturaleza de la libertad y la estructura del alma o del espíritu— y sostuvo que era verdad. Pero, ¿qué importa lo que el escritor pensaba que estaba haciendo? Él no es dueño de esos significados, él simplemente los plasmó en un papel cuando ellos hablaron en su mente.

Contemplación grupal

Cuando me siento en mi habitación, solo, mis contemplaciones solitarias me traen el silencio más puro y las mayores y más personales comprensiones profundas. Sin embargo, también busco la compañía de mis compañeros. Yo aprecio la gentil plenitud de la contemplación en unión. Y si ellos no se encuentran cerca, nos reunimos online a través de videoconferencias, a pesar de la pantalla que nos separa y las interrupciones electrónicas. Juntos leemos un párrafo, o recitamos una y otra vez una oración seleccionada, o damos voz a nuestra profundidad interior y resonamos unos con otros.

La contemplación grupal no es tan silenciosa como la contemplación en solitario, y no es tan introspectiva. Los rostros y las palabras de mis compañeros no me permiten ahondar completamente en mi profundidad interior. Sin embargo, precisamente porque estoy abierto a las voces de mis compañeros y permito que enriquezcan mi propia voz, soy más que yo mismo. Ahora soy una voz en un coro. Puede que no consiga ir tan profundo dentro de mí, pero consigo ir más allá de mis límites, hacia los reinos más amplios de la realidad humana.

El ejercicio de centrado

Nos reunimos, nueve participantes, para una sesión de Filosofía Profunda. Nuestra facilitadora saluda al grupo y en seguida inicia la sesión con un "ejercicio de centrado".

Un ejercicio de centrado es una rápida meditación para silenciar la mente y prepararla para la sesión. Aquí daremos el primer paso dentro del reino de la contemplación, donde nuestra mente ganará algo de libertad sobre sus usuales patrones de pensamiento y las estructuras psicológicas que intentan gobernarla.

Para esta sesión en particular, nuestra facilitadora eligió un ejercicio de centrado llamado "columna de aire", que alude a nuestra respiración como una escalera metafórica que desciende hacia nuestra profundidad interior. Ella nos pide cerrar nuestros ojos, dirigir gentilmente nuestra atención hacia el interior, y concentrarnos en nuestra nariz.

"Ahora estamos descansando dentro de nuestras fosas nasales", dice ella con calma, "y sintiendo el aire mientras fluye hacia adentro y hacia afuera".

Después de tres o cuatro respiraciones, la facilitadora nos indica bajar mentalmente hacia nuestra boca, permanecer ahí por un momento y sentir el aire fluyendo sobre nuestra lengua. Después de tres respiraciones más, continuamos descendiendo hacia nuestra garganta, siguiendo la columna de aire hacia el pecho, hacia el estómago, y hacia los muslos que ligeramente resuenan con el movimiento de la respiración. Por último, descendemos mentalmente hacia un punto debajo de nuestro cuerpo y debajo de nuestra silla, un punto que significa el silencio anterior a todas las palabras, el punto de escucha interior.

Ahora todos estamos degustando el sabor del silencio interior, de la escucha tranquila, de nuestra profundidad interior. Por unos breves momentos todo está intensamente presente dentro de nosotros y a nuestro alrededor. Por supuesto, la mente psicológica tiene sus propios impulsos y hábitos, y no puede neutralizarse completamente. Pero un ejercicio de centrado no está diseñado para transformarte. Es un destello y un recordatorio: "Mira", te dice, "este es tu silencio interior. Saboréalo, recuérdalo en tu corazón".

Por un momento degustamos la calma con nuestros ojos cerrados. Entonces, uno o dos minutos después —no lo suficiente para cansarnos o distraernos— la voz de la facilitadora llega de nuevo a nuestros oídos. Ella nos invita a comenzar a regresar al grupo, a nuestro propio ritmo, y abrir nuestros ojos cuando nos sintamos listos.

Momentos desde la "Lectura interpretativa"

Con nuestras mentes enfocadas y tranquilas nos dirigimos al texto filosófico que la facilitadora ha preparado con antelación. Para esta sesión ella eligió una página de los escritos del antiguo emperador romano Marco Aurelio, y el grupo ahora la lee siguiendo el procedimiento de "Lectura interpretativa": Uno después de otro, leemos lentamente y en voz alta el primer párrafo una y otra vez. La lectura repetitiva crea un ritmo como de cántico y prepara la mente para la contemplación. Se nos incentiva a agregar breves interpretaciones mientras leemos el texto, pero no más de unas pocas palabras para poder mantener el flujo.

Después de tres o cuatro lecturas avanzamos al siguiente párrafo. Nuestra facilitadora es siempre la primera en leer. Ella conoce bien el texto y, como un "guía-turístico", nos hace entrar en él. En su lectura ella entreteje pequeños comentarios aquí y allá, o enfatiza ciertas palabras, y de este modo dirige nuestra atención hacia aspectos importantes en el paisaje de ideas del texto.

Conforme leemos el texto, llegamos a entender sus ideas principales. Esa es una necesidad obvia; no puedes contemplar un texto que no entiendes. Pero este no es un tipo de entendimiento meramente intelectual, porque el ejercicio introduce en nuestra mente elementos importantes de la contemplación: una escucha sin prejuicios, resonancia con el texto, ralentización de la mente a través de una lenta lectura repetitiva, y fluir con la "música" de la lectura. Nuestra lectura interpretativa es, entonces, semicontemplativa; requiere una silenciosa escucha interior de las ideas, pero también cierto grado de pensamiento discursivo. Nuestra facilitadora es experimentada y gracias a su facilitación precisa y fluida, nuestras mentes incrementan su silencio y profundidad conforme avanzamos en el texto.

Cuando llegamos al final de la página, después de unos treinta minutos, nuestras mentes están en sintonía con las ideas de Marco Aurelio y listas para ejercicios contemplativos más profundos.

Momentos desde el "Ruminatio"

Muchas veces durante la sesión, entre una y otra ronda de lectura interpretativa, nuestra facilitadora dirige el ejercicio "Ruminatio", también llamado "cántico filosófico". Ella selecciona una oración del párrafo que acabamos de leer y la repetimos uno después de otro en un orden predeterminado, una y otra vez, sin interpretación y sin interrupción. La repetición crea un ritmo que disuelve el significado ordinario de las palabras, de modo que se convierten en un flujo de sonidos que silencia todo pensamiento discursivo. Fragmentos de ideas e imágenes flotan en nuestras mentes, significados íntimos y sin nombre, como voces preciosas desde algún otro lugar, reverberando dentro de nosotros con una presencia intensa.

Momentos desde el "Habla preciosa"

Ahora que las ideas básicas del texto están claras y vivas en nuestras mentes, es momento de avanzar a la siguiente etapa y escucharlas desde nuestra profundidad interior. Para hacer eso, la facilitadora da inicio al ejercicio de "habla preciosa".

En el habla preciosa resonamos con el texto dando voz a las comprensiones profundas que surgen dentro de nosotros. Evitamos expresar opiniones personales o juicios, y en cambio, escuchamos "a través" del texto los significados básicos que hablan en él. Un texto filosófico profundo expresa más que las convicciones personales del escritor si está en sintonía con la amplitud de la vida humana. Lo que ese filósofo ha escrito en papel muchos años atrás puede expresar no solamente sus pensamientos individuales, sino un reino más amplio de significados.

Nuestra facilitadora nos dirige a través de varias rondas de habla preciosa. Damos voz a las comprensiones profundas que aparecen dentro de nosotros, hablando de manera concisa, limitando nuestro discurso a unas pocas palabras precisas, formulando cada palabra como si fuera una gema preciosa. Este tipo de habla nos afecta profundamente: Enfoca la mente y la vuelve atenta, pero receptiva. Uno por uno pronunciamos nuestras oraciones poéticas en orden libre, creando una atmósfera de interioridad y amplitud, así como de unión grupal.

Lo que ahora habla en nuestro grupo no son ideas personales, sino un coro de voces humanas que trasciende a cualquier individuo particular. Estamos dando voz a significados fundamentales que están inmersos en la vida, y al océano del cual siempre formamos parte, pero rara vez somos plenamente conscientes de ello.

Dar voz

Después de una hora, el grupo ha terminado de contemplar las ideas específicas del texto. La facilitadora ahora quiere que resonemos con el texto como un todo, y también que expresemos nuestra propia voz de manera más personal. Ella quiere que resonemos especialmente con un concepto central en el texto: La noción de "principio rector" de Marco Aurelio (que en su filosofía se refiere al centro interior de libertad y razón de la persona). Para este propósito ella comienza el ejercicio llamado "Dar voz".

Ella nos pregunta, "¿Qué me hace a mí el 'principio rector'?" Pero ella no quiere que nosotros respondamos con opiniones. En cambio, ella nos pide escuchar silenciosamente dentro de nosotros mismos.

Durante unos momentos, nos sentamos y escuchamos interiormente, ya sea con nuestros ojos cerrados o flotando libremente sobre el texto. Entonces, cuando estamos listos, comenzamos a escribir gentilmente, permitiendo que la escritura fluya desde nosotros y dé voz a nuestra profundidad interior. En la medida de lo posible, tratamos de hacer que nuestras oraciones sean precisas y condensadas, incluso poéticas.

Escribir en un estilo poético y preciso canaliza las mentes hacia una atención enfocada y gentil sobre significados e imágenes. La escritura gentil, así como la búsqueda interior de palabras precisas, intensifica la aprehensión de preciosidad y realidad. En ocasiones sentimos como si estuviéramos escribiendo lo que una voz interior nos está dictando. No es ninguna sorpresa que el ejercicio de dar voz sea frecuentemente lo más destacado de la sesión.

Después de terminar de escribir nos relajamos un poco. Estamos cansados por el largo periodo de atención y sabemos que la sesión está cerca de su final. Examinamos lo que hemos escrito —o quizás lo que nuestra profundidad interior ha escrito— y lo compartimos con el grupo, leyendo nuestras líneas poético-filosóficas.

Un momento precioso
Tiempo antes, a mitad de la sesión, experimenté lo que llamamos un "momento precioso". Mientras nuestro grupo realizaba lectura interpretativa, sosteniendo el texto de Marco Aurelio en nuestras manos, lo sentí venir. Dejé ir mis esfuerzos internos y abrí un tranquilo espacio de escucha dentro de mí. Relajé mi mente y permití que mis ojos se deslizaran sobre las líneas. Gentilmente, saboreé las palabras pronunciadas por mis compañeros. Ellas reverberaron profundamente dentro de mí, alrededor de mí, y las dejé hablar sin interferir.

De repente, una gran presencia me envolvió, vasta y gentil, silenciosa y, sin embargo, repleta de significados. Continuó emergiendo desde las palabras del texto y disolviendo mis límites. Había desaparecido la frontera entre mi interior y mi exterior, entre mi propio pensamiento y las ideas externas. Ahora yo era parte de una mayor inmensidad, una pequeña ola en el gran océano. Me quedé en silencio, las olas no hablan sobre el océano.

Las palabras en la sala ya no eran solamente nuestras; pertenecían a una inmensidad mayor. Y el texto ya no era solamente de Marco Aurelio, a pesar de que sus dedos lo habían escrito sobre papel siglos atrás. Él simplemente transcribió lo que habló en su mente. Él fue un filósofo, después de todo, y tuvo la grandeza de mente para discernirlo y traducirlo a un lenguaje humano.

Significados preciosos hacían eco en mí desde los más grandes horizontes, y bebí de ellos y sacié mi anhelo.

"¿Qué me llevo conmigo?"
Conforme la sesión se acerca a su final, la intensa atmósfera comienza a disiparse. Todos estamos realmente exhaustos. Es momento de relajarnos, de recolectarnos y reflexionar sobre lo que ha pasado.

La facilitadora anuncia el final de la contemplación y nos pide tomarnos unos momentos para mirar hacia atrás y reflexionar sobre la sesión completa. Después de uno o dos minutos de silencio ella habla de nuevo. "Por favor compartan con nosotros lo que se llevan de la sesión; una comprensión profunda, una experiencia, una pregunta abierta sobre la cual pensar..."

Es difícil responder a tal pregunta con precisión. La contemplación no está diseñada para producir un resultado, una afirmación final. Como un concierto de música, es significativo mientras está sucediendo, y cuando termina no deja ningún producto que puedas llevar contigo a casa. Sin embargo, el intento de poner en palabras momentos pasados ayuda a digerir lo que ha ocurrido y nos permite compartir nuestras experiencias con nuestros compañeros.

Uno por uno hablamos brevemente, mientras los otros escuchan y asienten, o sonríen, o reflexionan. Cuando termina la ronda de compartir, la sesión también termina, pero permanecemos en silencio por unos cuantos momentos más. Después nos miramos unos a otros, sonreímos, y nos despedimos sin palabras.

Capítulo 3

REFLEXIONES SOBRE EL SIGNIFICADO DE FILOSOFÍA PROFUNDA

¿Por qué Filosofía Profunda?
"¿Qué puede aportarme Filosofía Profunda?", alguien podría preguntar. "¿Cómo puede satisfacer mis deseos?". En esta pregunta se esconde un supuesto engañoso: Que algo es valioso sólo si satisface un deseo ya existente. Pero la filosofía no tiene por qué satisfacer los deseos existentes para ser valiosa; también puede crear nuevos deseos y necesidades, y despertar anhelos dormidos, unos más elevados que aquellos que ya sientes. Puede dar a luz posibles sensibilidades que aún no han nacido y cultivar nuevos entendimientos más profundos. En el proceso, es posible que reevalúes tus viejos deseos y te des cuenta de lo triviales o insignificantes que son, y puede que desees trascenderlos.

Un adicto a la televisión podría preguntar: "¿Quién necesita poemas? ¿Pueden darme la emoción y la distracción que obtengo al ver la televisión cada noche? Si no, ¿para qué sirven?".

Un empresario ávido de dinero podría preguntar: "¿Quién necesita a Tolstoi o a Platón? ¿Cuánto dinero pueden darme? ¿Nada? Entonces, ¿para qué molestarse en leerlos?".

¿Cómo podemos responder a esas personas? Si nunca han experimentado un sentido superior de este tipo, una explicación teórica no serviría de nada.

La cuestión no es, pues, qué deseos satisface Filosofía Profunda, sino qué deseos y anhelos superiores puede crear en nosotros, qué nuevas sensibilidades puede cultivar, qué nuevos "ojos" puede abrir. La cuestión es, en resumen, qué dimensiones elevadas de la existencia humana puede revelar.

Cabe preguntarse: ¿Cuáles son esas dimensiones elevadas que Filosofía Profunda promete revelar?

Pero esto no se puede explicar a alguien que nunca las ha experimentado, salvo con vagas metáforas, o con explicaciones circulares que no explican nada. ¿Cómo se puede explicar el significado de la poesía, o de la música clásica, o de la contemplación filosófica a alguien que nunca ha experimentado nada de eso?

La respuesta adecuada es: Ven y practica con nosotros, experimenta la contemplación por ti mismo, y entonces podrás ver.

Filosofía Profunda no produce nada

¿Qué tipo de resultados se supone que produce Filosofía Profunda?

Ninguno. Filosofía Profunda no está diseñada para producir nada; ni nuevas teorías o conocimientos, ni autocomprensión, ni paz, ni experiencias agradables, ni nuevas habilidades. Sin duda, algunos de estos resultados aparecen después de las sesiones contemplativas —silencio interior, inspiradoras comprensiones profundas, sensibilidades elevadas— pero son subproductos, no el objetivo en sí.

La práctica de Filosofía Profunda es similar al amor: Besas a la persona amada no para conseguir algo para ti mismo, sino *por* amor. Del mismo modo, escuchas música no para conseguir algo, sino por amor a la música. Practicamos Filosofía Profunda por amor, por anhelo, por asombro.

El mundo de hoy se rige por un espíritu pragmático que rinde culto a los productos que satisfacen necesidades y deseos. Filosofía Profunda desafía esa tendencia. No busca satisfacernos, sino despertarnos a cuestiones fundamentales, inquietarnos, maravillarnos y hacernos anhelar.

Para nosotros, las cuestiones fundamentales de la vida no son problemas prácticos que hay que resolver, sino fuentes de significados inagotables de la vida. Nunca pueden recibir una resolución definitiva. Por eso seleccionamos para la contemplación aquellos textos especiales que presentan las cuestiones de la vida en su inagotable plenitud, y a través de ellos escuchamos interiormente las dimensiones profundas de la realidad humana. Se podría decir que buscamos cultivar nuestra apertura a esas dimensiones más profundas; y eso es generalmente cierto, siempre que no lo interpretemos como nuestro objetivo final. Un objetivo final, una vez formulado como principio, tiende a petrificarse en una ideología muerta. Nosotros simplemente seguimos contemplando para mantener vivos el asombro y el anhelo.

Filosofía Performativa

"Participé en una sesión de Filosofía Profunda, ¡y al final de la sesión no había adquirido ningún conocimiento nuevo!".

"Olvídate del final de la sesión, mira la sesión en sí, toda ella, momento a momento. ¿Fue significativa?".

Tradicionalmente, los filósofos filosofan para llegar a alguna conclusión; una nueva teoría, una explicación, una prueba. Al final de su investigación, escriben su resultado en papel y lo exponen como un ensayo que se pasa de un lector a otro.

Pero, ¿es necesario que el filosofar llegue a una conclusión para que tenga valor?

Cuando vas a una conferencia, esperas volver a casa con nuevos conocimientos, pero cuando vas a un concierto no esperas volver con algo que no tenías antes. Escuchas atentamente la actuación momento a momento, pero a pesar de las experiencias profundamente significativas, cuando se apagan las luces, no queda ninguna conclusión en tu posesión. Te vas a casa con las manos vacías y, sin embargo, enriquecido. La música es significativa, como el ballet o el cine, no por lo que produce, sino por lo que es durante la representación.

Éstas pueden llamarse "actividades performativas". Y del mismo modo, también existe la *filosofía performativa*: Se trata de una actividad filosófica que es significativa mientras se desarrolla. El momento filosófico en sí mismo es significativo, incluso cuando no te proporcione nuevos bienes filosóficos para llevarte a casa.

Pero, ¿por qué Filosofía Profunda es un tipo de filosofía performativa? ¿Por qué no produce un resultado final, una nueva teoría, una idea, un conocimiento?

Porque lo que te conmueve en la contemplación, como en el caso de la música, no es algo que puedas plasmar en descripciones o teorías. Las teorías son algo que puedes llevarte a casa, pero los preciosos entendimientos filosóficos que te inspiran durante una sesión no pueden conservarse en oraciones. No pueden conservarse en absoluto, sólo viven en el momento.

Las aspiraciones de Filosofía Profunda

Practicamos la contemplación filosófica porque buscamos el fundamento de la existencia. La filosofía, al fin y al cabo, trata de las cuestiones más fundamentales de la vida y la realidad. Aspiramos a conseguir una comunicación íntima con el fundamento de la realidad.

Se trata de una misión tremenda, noble e inspiradora, tal vez demasiado presuntuosa para ser plenamente alcanzable por simples seres humanos. Sin embargo, los seres humanos han intentado cumplirla a lo largo de la historia; mediante la meditación espiritual, los rituales y los mitos, la música y la plegaria, y a veces la filosofía. Nuestro camino es la filosofía, porque buscamos no sólo sentir sino también comprender, no sólo ser conmovidos sino también comunicar. A través de la comprensión filosófica conversamos con los significados fundamentales de la existencia, o lo que llamamos "voces de la realidad".

Por supuesto, siempre estamos en la realidad, con o sin Filosofía Profunda. Siempre somos olas en el océano. Pero al filosofar hacemos explícita esta relación, dejamos que hable en nosotros y nos inspire. A través de nuestra contemplación manifestamos nuestro encuentro con la realidad, respondemos a él, elevándolo y enriqueciéndolo.

No puedo lograr esto plenamente como un simple individuo. Siempre soy parte del discurso histórico entre la humanidad y la realidad. Y al igual que debo confiar en mi lengua española (o en cualquier otra lengua que hable) para comunicarme con mi vecino, también debo confiar en el "lenguaje" del encuentro entre la humanidad y el fundamento. Cualquier relación que pueda tener con la realidad debe producirse en el contexto de la relación histórica. Siempre soy un pequeño momento en una larga historia de amor entre la humanidad y el fundamento.

Es por eso que, en Filosofía Profunda nos relacionamos con los escritos de los filósofos anteriores. Si queremos unirnos al encuentro de la humanidad con la realidad, debemos ser históricos. Los textos históricos de la filosofía forman parte del diálogo permanente al que queremos pertenecer. Si queremos dialogar con los significados fundamentales, debemos hacerlo en compañía de voces humanas históricas.

La no-teoría de Filosofía Profunda

Filosofía Profunda no es sólo una práctica; tiene también una red de ideas teóricas sobre el significado de esta práctica. Sin embargo, esta red de ideas no equivale a una teoría.

Una teoría es un mapa coherente sobre un tema determinado, mientras que las ideas de Filosofía Profunda son una red multifacética que no se supone reducible a un mapa unitario.

Además, y más importante, la teoría de una práctica es *sobre* la práctica, separada de la práctica y representándola desde fuera, mientras que las ideas de Filosofía Profunda son parte de la práctica misma. Son utilizadas en nuestras sesiones como materiales para la práctica, como textos que los contempladores contemplan y reescriben.

Por tanto, mientras que una teoría es un esquema fijo, las ideas de Filosofía Profunda están siempre en proceso de reescritura. Nuestras ideas "teóricas" son las semillas que cultivamos mediante nuestra contemplación, y de las que crecerán nuestras futuras prácticas.

Además, mientras que una teoría establece límites entre lo verdadero y lo falso, entre lo aceptable y lo inaceptable, las ideas teóricas de Filosofía Profunda son voces a las que responder y con las que resonar, no límites. Sirven como frases musicales en un concierto de jazz improvisado, que establecen el tono, la clave y el ritmo, y te invitan a responder con tu propia creatividad. No te dan una regla a seguir, sino un punto de partida para continuar de acuerdo con el espíritu que te mueve.

Por lo tanto, en Filosofía Profunda permitimos la pluralidad y la fomentamos, tanto en nuestra práctica como en nuestras reflexiones sobre ella; no porque seamos tolerantes, sino porque nuestro encuentro humano con la realidad fundamental no puede ser menos que una polifonía de las muchas voces humanas.

Una teoría filosófica como puerta a un mundo

Una teoría filosófica es una red de ideas que pretende representar (o "capturar") algún aspecto básico de nuestro mundo. Pero para nosotros, una teoría filosófica, si es profunda, es más que una representación abstracta o un objeto intelectual. Expresa un mundo de significados fundamentales. Y, lo que es más importante, nos permite entrar en él.

Los seres humanos tenemos una maravillosa capacidad para entrar en mundos alternos. Cuando leemos una novela, entramos en nuestra mente en el mundo ficticio que describe. Nos identificamos con algunos personajes, amamos a algunos de ellos, nos alegramos por su suerte y nos entristecemos por sus desgracias, sentimos miedo o esperanza según los acontecimientos, como si viviéramos en ese mundo. Por supuesto, nunca nos sumergimos completamente en ese mundo, y nunca olvidamos que la novela es una ficción y que estamos sentados en nuestro sillón con un libro en las manos. Sin embargo, entramos en el mundo de la novela hasta cierto punto, en alguna parte de nuestra mente, por así decirlo.

De manera similar, podemos entrar en el mundo de una película, o en el mundo de un juego de Monopoly, y sentir fuertes emociones relacionadas con los acontecimientos que ocurren en ellos como si nos estuvieran sucediendo realmente a nosotros.

Algo similar ocurre en la contemplación de textos cuando entramos en un mundo filosófico —el mundo retratado por el texto— y lo exploramos desde dentro. No nos limitamos a pensar "sobre" él, sino que lo hacemos presente y entramos en él. Sin embargo, hay una diferencia importante. A diferencia del mundo de una novela o de una película, el mundo en el que nos adentramos en la contemplación filosófica no está compuesto por cosas concretas —objetos, personas, ciudades, acontecimientos, etc.— sino por ideas generales, o conceptos, o más exactamente, significados. Si el texto que contemplamos es verdaderamente filosófico, entonces la realidad que retrata está compuesta de significados fundamentales, o lo que llamamos "voces de la realidad".

Para que esto ocurra, debemos mantener el estado mental y la actitud adecuados. No debemos centrarnos en las ideas del texto como ideas, sino "mirar a través" de ellas hacia el mundo de los significados que expresan. Cuando lo hacemos, el texto filosófico actúa como una puerta a través de la cual entramos a una realidad fundamental y nos sumergimos en ella, como una ola en un océano.

Textos para la contemplación

No todos los textos filosóficos son igualmente adecuados para la contemplación. Para contemplar, un texto debe ser profundo, en el sentido de que apunta más allá de la superficie de ideas definibles y, por tanto, no puede ser captado en un resumen ni agotado por una descripción. Por mucho que profundicemos en él, sigue revelando nuevas facetas, apuntando a mayores profundidades de significado.

Incluso si el texto es adecuado para la contemplación, puede revelarnos o no su profundidad, dependiendo de nuestra actitud y estado mental. Es improbable que descubramos su profundidad si intentamos analizarlo intelectualmente, como observadores externos. Debemos entrar en el mundo del texto y relacionarnos con él desde dentro, cambiando nuestro estado mental normal por la escucha interior, que es lo que hacemos en la contemplación. Pero no todos los textos nos permiten relacionarnos con ellos a través de la escucha interior. Si un texto describe un mundo de objetos, me obliga a seguir siendo un observador externo; no puedo pensar sobre un objeto desde dentro. Por tanto, los textos demasiado objetivos o fácticos, que son analizables en trozos definidos de conceptos o información, no son adecuados para la contemplación. Para la contemplación, un texto debe presentarnos un nuevo orden del mundo, no gobernado por la estructura habitual de sujeto y objeto, observador y observado, pensador e ideas. Entrar en un texto así significa entrar en un mundo en el que ya no soy un sujeto psicológico que piensa "sobre" las cosas. Y ahora me transformo en una ola en el océano.

La polifonía de los escritos filosóficos

Todos los escritos filosóficos nos interesan en Filosofía Profunda, siempre que se relacionen con lo profundo de la vida. Nos interesan poco los ejercicios intelectuales que olvidaron su raíz en la realidad viva, incluso si son considerados filosóficos.

Lo que buscamos en un texto es profundidad, no corrección fáctica. Y la profundidad es, ante todo, una cuestión de la procedencia del texto; sus raíces en los significados fundamentales de la realidad humana y el testimonio que da de esos significados inagotables y generadores. Para nosotros, el origen de un texto es más importante que de qué trata o qué dice sobre ello.

Así, cuando contemplamos un texto, no estamos de acuerdo o en desacuerdo con él, no lo juzgamos por ser correcto o incorrecto. Aceptamos los textos profundos como testimonios de la vida humana; igual que una canción es un testimonio del músico que la compuso o que la canta. Los aceptamos como expresiones —algunas más claras y otras más opacas, algunas más directas y poderosas y otras menos— de la rica polifonía de voces de la realidad humana.

Estas voces de la profundidad, por así decirlo, pueden ser diferentes en distintos escritos filosóficos, pero aun así no son contradictorias. Son como los diferentes sonidos que surgen del mismo bosque: el silbido del viento a través de las altas y bajas copas de los árboles, el murmullo de las grandes hojas y el susurro de las pequeñas hojas secas, el crujir de los troncos de los árboles, el golpe de las ramas al caer al suelo. El bosque no está limitado a un solo sonido. Como la polifonía del bosque, así es la polifonía de las voces filosóficas, es decir, de la realidad humana. Hay espacio para todas ellas, una al lado de la otra, y juntas se enriquecen mutuamente.

En Filosofía Profunda buscamos hacer presentes esas voces fundamentales que hablan en los textos filosóficos profundos, y que están en la base de todo lo que es significativo en la realidad humana. Buscamos participar en este formidable concierto polifónico y formar parte de él.

El poder de filosofar
Muchos filósofos a lo largo de la historia nos dicen que la filosofía puede transformarnos. Así, para Platón, filosofar nos saca de la cueva en la que estamos presos. Para los filósofos

estoicos, filosofar ayuda a despertar nuestro verdadero yo, el "principio rector" que nos guía por los caminos de la razón, la libertad interior, la ecuanimidad y la armonía con el cosmos. Para Spinoza, filosofar conduce a la tranquila sabiduría que es el amor intelectual a todo (o a Dios). La filosofía poética de Nietzsche nos inspira a superar nuestro pequeño yo. La filosofía de Bergson nos enseña a notar las cualidades holísticas de nuestra conciencia que normalmente se nos escapan. Y la lista continúa.

Esto puede parecer extraño. La filosofía suele ser vista como el estudio de ideas universales abstractas que están muy alejadas de las preocupaciones cotidianas. ¿Cómo puede influir en nuestra vida concreta?

La historia de la filosofía revela al menos dos formas de hacerlo. Una es la vía de la filosofía aplicada: El filósofo discute los temas en cuestión en abstracto, llega a alguna conclusión en abstracto y luego la aplica a situaciones concretas. Filosofar, pues, sigue siendo una investigación abstracta, realizada intelectualmente en la sala de estudio del filósofo. Sólo después de que la investigación haya terminado se exporta su conclusión final a la vida.

La segunda forma es más directa: El filosofar puede impactar en nosotros mientras está ocurriendo, porque la actividad filosófica en sí misma, no sólo su resultado final, puede inspirarnos. Tiene el poder de despertar nuestras sensibilidades interiores y abrirnos a dimensiones más profundas de la vida. De hecho, varias filosofías a lo largo de la historia desarrollaron formas prácticas de activar este poder: los ejercicios de imaginación estoicos, las meditaciones neoplatónicas, la escritura poética de los filósofos románticos, etc.

Filosofía Profunda también toma el segundo camino. En Filosofía Profunda, la exploración de las ideas filosóficas forma parte del proceso contemplativo. Filosofar impacta en nosotros porque la contemplación nos impacta, ya que ambos se funden en un solo movimiento. A través de nuestros ejercicios contemplativos, las ideas actúan en nuestra profundidad interior, inspirándonos y cambiándonos.

Capítulo 4

COMPRENSIÓN EXPERIENCIAL

La contemplación filosófica, que es la actividad central de Filosofía Profunda, es una forma de filosofía que es tanto intelectual como experiencial. Por un lado, a través de la contemplación recibimos comprensiones de la vida o de nosotros mismos, pero, por otro lado, estas comprensiones involucran experiencias profundas, frecuentemente en la forma de una poderosa aprehensión de preciosidad y realidad. De hecho, en momentos profundos de contemplación no hay distinción clara entre la experiencia y la comprensión, las dos están mezcladas.

Uno puede llamar a este resultado, "comprensión experiencial ", y esto incluye varios tipos frecuentes de experiencias.

La experiencia de las preciosas comprensiones profundas

Cuando contemplamos un texto filosófico, ya sea en un ejercicio estructurado o de manera no intencional cuando leemos el texto de manera gentil y atenta, puede que notemos una silenciosa presencia que nos envuelve. Conforme continuamos saboreando las palabras, puede ser que encontremos esas innombrables comprensiones profundas revoloteando en nuestra mente, acompañadas por una aprehensión de preciosidad. Puede ser que no tengamos las palabras para describir lo que nos está pasando, pero sin duda alguna lo sentimos como algo profundamente significativo.

Este es un estado mental familiar para los practicantes de la contemplación de textos en varias tradiciones espirituales alrededor del mundo. Ellas tienen en común el haberse dado cuenta que leer un texto con un tipo especial de estado mental atento puede generar comprensiones profundas significativas. La *Lectio Divina* cristiana, una técnica estructurada de lectura de las escrituras sagradas cristianas, es un ejemplo de ello.

Tradicionalmente, a estas experiencias se les han dado interpretaciones religiosas; "Escuché la Palabra de Dios", "El Espíritu Santo habló en mí", etc. Pero poniendo de lado esas especulaciones religiosas, la idea básica es sencilla: Una lectura atenta y silenciosa de textos profundos puede producir nuevas comprensiones, difíciles de articular en palabras y, sin embargo, profundamente significativas.

Cuando esto nos pasa, nos damos cuenta de que estamos siendo testigos de algo especialmente significativo. No estamos simplemente teniendo una buena sensación o pensamientos interesantes, sino discerniendo algo de importancia que nos inspira, nos despierta y nos eleva.

Tales comprensiones experienciales profundas hacen íntima para nosotros la existencia de una dimensión de nuestro ser que usualmente está inactiva y dormida, la cual llamamos profundidad interior. Y una vez que experimentamos su despertar —no necesariamente de una manera abrumadora, a veces muy sutilmente— nos damos cuenta de que hay aspectos de la vida con los que normalmente no estamos en contacto. Algo extremadamente precioso se esconde debajo de la superficie de nuestra vida cotidiana y, sin embargo, está dentro de nuestro alcance. Deseamos experimentarlo de nuevo, explorarlo, atestiguar los nuevos horizontes que abre; es un ansia por seguir practicando Filosofía Profunda.

La experiencia de la burbuja

Como Filósofos Profundos, buscamos comprensiones preciosas incluso más allá del tiempo limitado de las sesiones de contemplación. De hecho, en medio de nuestras actividades cotidianas regulares, a veces notamos dentro de nosotros una espontánea "burbuja" de comprensión emergiendo desde nuestra profundidad interior, preciosa y significativa.

Esto nos pasa a la mayoría de nosotros, aunque la mayoría de las personas no suele prestarle mucha atención. La experiencia no es necesariamente dramática; puede ser apenas perceptible, pero es de alguna manera diferente y podemos degustarla con cierto grado de maravilla. Si la notamos, podemos sentir que hemos recibido una pequeña gema de comprensión.

Digo "hemos recibido" porque la experimentamos no como el resultado de nuestro propio pensamiento activo, sino como una llegada sin invitación. La pequeña nueva comprensión se materializa en nuestra consciencia inesperadamente, como si viniera de otro lugar. Sentimos que alguna fuente oculta dentro de nosotros, más allá de nuestros patrones de pensamiento habituales, más allá del reino de nuestra mente familiar, ha dado a luz a esta nueva comprensión. La llamamos "una burbuja de comprensión", o simplemente una "burbuja", porque se comporta como las pequeñas burbujas de aire que emergen desde las oscuras profundidades de un lago hacia la superficie del agua.

No es sencillo decir mucho acerca de tales burbujas, porque son muy difíciles de traducir en palabras. Cuando tratamos de describirlas, nuestras descripciones parecen perder la esencia. Para dar un ejemplo de mi propia experiencia, diré: "El grillo giró hacia mí, y repentinamente me percaté que ambos, ese insecto y yo, pertenecemos al mismo río de vida"; pero estas palabras suenan como un cliché. Ellas no capturan el sentido de maravilla que experimenté y lo precioso de esa comprensión profunda. Algo valioso ha sido recibido, pero cuando trato de traducirlo en palabras se evapora.

Cualquiera que recuerde haber experimentado tales burbujas sabe que lo significativo y precioso de ellas no puede ser capturado por las palabras usadas para articularlas. Evidentemente, lo que es precioso y significativo en una burbuja no es meramente su contenido intelectual, sino también cómo, dónde y de dónde, desde dentro de nosotros, viene. Una dimensión inefable de nuestro ser ha hablado, una que no es traducible a pensamientos ordinarios.

Alguien puede estar tentado a reinterpretar su burbuja como si le hubiera sido "dada" por una extraña inteligencia o por un ser superior, especialmente si uno suele inclinarse por conjeturas religiosas o metafísicas. Pero no es necesario entregarnos a especulaciones sobre el origen de esta experiencia. El punto es bastante más modesto: Experimentar una burbuja nos enseña que hay aspectos de nuestro ser que usualmente están dormidos y que despiertan solamente en raros momentos. Evidentemente, hay fuentes de comprensión experiencial dentro de nosotros que van más allá del pensamiento intelectual.

Ideas de otro lugar

Frecuentemente se asume que los pensamientos son todos iguales; simplemente pensamientos. Presumiblemente, todos ellos nacen en nuestra mente esencialmente de la misma manera, por la misma facultad de pensamiento, cualquiera que esta sea. Pero si atendemos cuidadosamente a nuestro pensamiento, a las cualidades de nuestros pensamientos como aparecen en nuestra mente, descubrimos que no son todos iguales.

Las "burbujas" de comprensiones profundas nos enseñan una distinción importante entre pensamientos que experimentamos como producidos por nosotros y pensamientos que experimentamos como entrando a nuestras mentes desde más allá de la soberanía del yo.

Los pensamientos del primer tipo son tan comunes que apenas nos molestamos en pensar sobre ellos. Incluyen pensamientos producidos por nuestro esfuerzo deliberado por pensar, pero también pensamientos que pensamos distraídamente, pensamientos que están al centro de la atención y aquellos que son parte del parloteo de fondo que normalmente retumba en la mente. Ninguno de esos pensamientos nos sorprende; decimos sin dificultad que tal pensamiento es *mi* pensamiento y que soy yo mismo quien lo produjo. Esto es un tanto análogo a la manera en que experimento el movimiento de mis manos, tanto los que hago deliberadamente, como los que hago sin pensar. A ambos los experimento como acciones propias, en oposición a una contracción involuntaria que experimento como forzada sobre mí por mi cuerpo.

En contraste, en momentos especiales un pensamiento se materializa en mi mente como si proviniera de otro lugar. Un ejemplo obvio es una "burbuja" que aparece en mi mente inesperadamente, como se describió previamente. Pero este no es el único ejemplo. Otro ejemplo es el de la escritura inspirada, cuando las palabras se formulan en la mente del escritor como por sí mismas, a veces incluso imponiéndose a sí mismas sobre la mente e inundándola. Tales experiencias nos son iguales a las inesperadas burbujas de comprensión profunda que ocurren una sola vez, pero apuntan a la misma conclusión: Algunas de nuestras ideas emergen de una dimensión inusual de nuestro ser que es diferente a la fuente del pensamiento ordinario. Distintamente a los pensamientos ordinarios, no están bajo el control del yo, pero contrariamente a los pensamientos obsesivos, no se imponen en nosotros por la fuerza. Al contrario, inyectan en nosotros un sentido de preciosidad, libertad y plenitud.

¿Qué es este manantial de ideas ocultas dentro de nosotros? Cualquier cosa que sea, lo llamamos nuestra "profundidad interior". Aunque es una metáfora, no es arbitraria. Es análoga a las raíces ocultas que se esconden en la profundidad de la tierra y producen flores y árboles, y a los arroyos subterráneos en el vientre de la tierra que traen agua a la superficie.

La experiencia de realidad

Una experiencia importante en la contemplación filosófica es la aprehensión de elevada realidad. Cuando contemplamos un texto y calmadamente escuchamos nuestro interior, a veces sentimos que todo dentro de nosotros e incluso a nuestro alrededor adquiere una poderosa realidad, mucho mayor que la habitual: nuestros pensamientos, nuestros sentimientos, nuestra consciencia corporal, nuestra experiencia del entorno.

Es difícil explicar esto a alguien que nunca ha notado una experiencia de este tipo. En nuestra vida cotidiana todas nuestras experiencias se sienten igual de reales. La realidad de un sabor en mi boca es la misma que la realidad de una melodía en mis oídos, y mi dolor de cabeza es tan real como mi comezón. De hecho, no parece tener sentido preguntar cuál de estas dos es "más real". Aunque una de ellas pueda ser más intensa que la otra, ciertamente no tiene una mayor realidad. En nuestra vida cotidiana, la realidad no llega medida en grados. Pero, de hecho, la aprehensión de mayor realidad aparece en momentos especiales. Los místicos dicen experimentar una tremenda realidad que empequeñece o supera a su propio ser, y los filósofos de la religión como Rudolf Otto y William James la describen como un elemento importante en las experiencias religiosas. Asimismo, en momentos preciosos en la naturaleza podemos sentir su vastedad y sentir una poderosa quietud invadiendo nuestro ser interior, haciendo que todo desborde de realidad.

Algo similar ocurre en los momentos de contemplación profunda, cuando nos sentimos sumergidos en una poderosa realidad que nos envuelve. Sin embargo, a diferencia de muchas experiencias religiosas o con la naturaleza, las experiencias contemplativas también involucran comprensión, no sólo sentimiento. En la cumbre de la contemplación de un texto filosófico, los pensamientos y comprensiones profundas en nuestra mente pueden impregnarse de una poderosa realidad, como si sus significados tuvieran un peso especial, por decirlo así, y su realidad fuera mayor que la de las meras ideas abstractas.

No necesitamos interpretar estas experiencias de manera literal, como manifestando realidades metafísicas, pero también es importante no ignorar su cualidad especial ni ignorarlas. Ellas indican que algo especial está pasando dentro de nosotros durante esos momentos, y que un aspecto dormido de nuestro ser está siendo activado y revelado.

La experiencia de profundidad interior, preciosidad y plenitud

La aprehensión de realidad usualmente es acompañada por otras experiencias, como la experiencia de profundidad interior, de preciosidad y de plenitud. Tenemos la experiencia de profundidad interior cuando sentimos que un aspecto oculto de nuestro ser está despertando dentro de nosotros y unifica todo nuestro ser. Entonces sentimos como si estuviéramos en contacto con nuestra propia *fuente*. Desaparece nuestra fragmentación habitual, y ahora nos unifica un centro concentrado, más primordial —así se siente— que la multiplicidad de nuestro parloteo mental, sentimientos y acciones. Este centro interior era familiar para los antiguos filósofos helenísticos de la escuela estoica. Ellos lo llamaban "el principio rector" y lo consideraban el verdadero centro de nuestro ser, que nos guía en sabiduría y armonía con el cosmos.

La experiencia de profundidad interior frecuentemente es acompañada por una aprehensión de preciosidad, el cual es bastante común en la contemplación filosófica. En tales momentos sentimos que nuestras comprensiones profundas y experiencias son de un valor y perfección especiales. Es como si estuviéramos sumergidos en una gema preciosa, en una esfera de preciosa armonía, donde todo está bien.

Las aprehensiones de profundidad interior y de preciosidad también se asocian con la experiencia de plenitud. En ella sentimos que somos animados por un manantial de energía creativa que da a luz ricas comprensiones profundas y entendimientos. Nuevas ideas surgen en nuestras mentes desde una fuente desconocida, profunda y sorprendente, y solamente podemos recibirlas y dejarlas actuar en nosotros.

Estas experiencias diferentes suelen estar mezcladas entre sí, y la distinción entre ellas es en cierto modo arbitraria.

La experiencia de una polifonía de significados

Normalmente, cuando leemos un texto que contiene enunciados o teorías —un reportaje periodístico, un artículo de una revista, un análisis político— nuestra disposición inmediata es la de evaluarlo y juzgarlo como verdadero o falso, o al menos como probable o improbable. Lo aceptamos, dudamos de él o lo rechazamos, estamos de acuerdo o en desacuerdo, e incluso cuando suspendemos el juicio nos reservamos el derecho de juzgarlo en el futuro.

Pero algo muy diferente ocurre cuando contemplamos un texto filosófico. Lo escuchamos atentamente sin juzgarlo, como cuando escuchamos poesía o música. Somos cautivados por el flujo de ideas, por su significado y profundidad, sin juzgarlas como verdaderas o falsas. Entonces sentimos una música polifónica de significados flotando en nuestra mente.

Esto puede parecer peculiar. ¿Cómo puedes reflexionar sobre un texto filosófico o una idea, desconectado de la pregunta de si es aceptable o inaceptable? Después de todo, hace afirmaciones sobre la realidad que deben ser o verdaderas o falsas. Su propósito original es afirmar que esa es la manera en que son las cosas.

Evidentemente, en la contemplación no tratamos un texto filosófico como una afirmación sobre el mundo. No lo consideramos como un intento de retratar cómo es la realidad, y no atendemos a la correspondencia entre el texto y el mundo. Atendemos, en cambio, a la manera en que el texto actúa en nosotros, al flujo de ideas que suscita en nosotros, y cómo ellas resuenan en nuestra experiencia personal de vida.

Pero esto requiere una clase especial de actitud interior. Porque sólo podemos experimentar un texto como una polifonía de significados si frenamos nuestra tendencia a juzgar y saboreamos sus palabras e ideas conforme fluyen en nuestra mente. Esta es la función de varias técnicas de contemplación de textos.

El valor de los ejercicios contemplativos

La contemplación de ideas filosóficas está teñida por cualidades experienciales que sentimos como profundamente significativas y gratificantes. No obstante, perseguimos estas experiencias no porque se sientan bien, sino porque a través de ellas encontramos la realidad mayor que buscamos. Aquí es instructiva la analogía con el amor: Los amantes pueden disfrutar la experiencia del amor, pero no es por eso que buscan la presencia de su amado. Si realmente estás enamorado, estás enamorado de tu amado, no de tus sentimientos. Por el contrario, si todo lo que te importa es la dulzura de tus propios sentimientos, entonces tu amor no es verdadero amor. Asimismo, en Filosofía Profunda contemplamos porque anhelamos encontrar a nuestro amado; los fundamentos de lo real en su realidad.

Este deseo de entrar en contacto con lo real es una motivación humana universal que se encuentra en la religión, la ciencia, la poesía y el arte, así como en la filosofía dominante. Sin embargo, hay algo especial en la filosofía contemplativa que la distingue de muchas otras prácticas: Busca los fundamentos de la realidad, no sólo de manera experiencial y no sólo de manera intelectual, sino con ambas dimensiones entrelazadas entre sí, a través del entendimiento experiencial.

Capítulo 5

ENSUEÑOS SOBRE LOS HORIZONTES MÁS AMPLIOS

Permítanme ahora especular un poco sobre el significado más amplio de la contemplación filosófica, no porque tenga grandes verdades que declarar, sino como armonías adicionales a nuestra música de ideas, para enriquecer nuestra comprensión de Filosofía Profunda. No sostengo que estas especulaciones sean literalmente verdaderas, las cuestiones de profundidad no pueden ser capturadas con teorías. Son voces en nuestra comprensión polifónica, y podemos escucharlas tal y como los contempladores escuchamos un texto; más allá del acuerdo y el desacuerdo.

Locura filosófica

Nos sentamos juntos y contemplamos un texto, un texto de filosofía. No de poesía, ni de literatura, ni de historia ni de asuntos del mundo, sino de filosofía. ¿Por qué?

Porque buscamos las raíces más profundas de nuestro ser, y la filosofía trata de los fundamentos. No se trata de esta mujer en particular o de aquel acontecimiento en particular, no se limita a esta ciudad o a aquella isla; se trata de lo más básico y universal de todo. Los filósofos buscan lo más fundamental.

El fundamento es lo que los filósofos de las corrientes dominantes han estado explorando durante siglos, tratando de capturarlo en sus teorías. Pero para nosotros, en Filosofía

Profunda, una teoría es demasiado abstracta y remota. Estamos enamorados, enfermos del Eros platónico por lo que es real, y las teorías acerca de lo que amamos no saciarán nuestra sed. Queremos que la realidad se hinche dentro de nosotros y hable en nuestra profundidad interior. "Profundidad interior" es el nombre del lugar donde la realidad nos toca con sus significados fundamentales.

Algunos podrían tacharnos de soñadores. *"*Es un disparate soñar con tocar la realidad*"*, dirán, es incluso una forma de locura. Y quizá tengan razón. Pero más vale ser locos soñadores que fríos pensadores profesionales que se satisfacen con tibios juegos lógicos. Porque a través de nuestro disparate apasionado somos verdaderamente reales, y a través de nuestros sueños de realidad alcanzamos la realidad. Los anhelos pueden ser más profundos y de mayor alcance que las cautelosas abstracciones.

La nuestra es una especie de alocado anhelo filosófico. Filosófico, porque utilizamos las teorías filosóficas para alcanzar la profundidad, aunque buscamos ir más allá de la filosofía, hacia las voces fundamentales que viven antes de todas las teorías. Nuestra contemplación pretende llevarnos hacia el fundamento de la realidad, tan lejos como sea humanamente posible, o tan lejos como nuestras capacidades personales lo permitan.

Con la modestia de los que saben que están locos decimos: Filosofía Profunda apunta a las profundidades que se extienden más allá de la filosofía. Contemplando textos filosóficos conseguimos ir más allá de todos los textos.

Reverencia filosófica

Contemplo una idea fundamental y me abandono, dejando que una comprensión profunda se desenvuelva en mí. Este es un acto filosófico, porque me vuelve hacia el fundamento. También es un acto de profundidad, porque desciende hacia las profundidades. Esa comprensión profunda puede utilizar al intelecto para que formule palabras para ella, pero no pertenece al intelecto. Pertenece a lo profundo. La profundidad nunca es mi propia profundidad. No es algo que poseo o controlo, sino que pertenece a horizontes más grandes. Por eso, un genuino acto de profundo filosofar es precioso, incluso sagrado, porque encarna una comprensión cuyas raíces van mucho más allá de mí. A través de él, estoy en presencia de una realidad que me envuelve.

Pero el acto de filosofar profundamente también recibe su preciosidad de otra fuente: Del anhelo de ir más allá de uno mismo y formar parte de horizontes más grandes. Puede que el propio filósofo no lo sepa, pero si se está comprometido en un genuino acto de filosofar profundo, entonces está trascendiendo sus límites individuales en un acto de reverencia ante el gran océano.

Un acto genuino de filosofar profundo es, podríamos decir, como una plegaria sin un dios como objetivo. No importa si uno cree o no en plegarias; lo importante es tu actitud interior, no tu interpretación retroactiva de lo que estabas haciendo.

Testimonios filosóficos

En un sentido, cada texto histórico de filosofía fue compuesto en un cierto momento de la historia por una cierta persona individual; los textos no aparecen en el mundo por sí mismos. Pero en otro sentido, lo que los escritores ponen sobre el papel nació de un ámbito más amplio que su pequeño yo individual. Al fin y al cabo, uno no inventa su vida, sino que se encuentra a sí mismo ya inmerso en ella. Por tanto, un texto a veces puede expresar un rango de voces más amplio que los pensamientos del escritor.

La mayoría de los textos, por supuesto, son meros productos de fuerzas psicológicas, de los sentimientos o mecanismos de pensamiento de los escritores, y del impacto ciego de su entorno particular. Así son muchos artículos periodísticos, novelas y romances, incluso ensayos filosóficos estándar; la mayoría de ellos no son lo suficientemente profundos como para resonar en las profundidades de la realidad humana.

Pero algunos textos filosóficos son especiales; tienen un potencial único. La filosofía trata de las dimensiones fundamentales de nuestro mundo. Así que si un filósofo consigue escribir su texto *desde* el fundamento sobre el cual escribe, si es capaz de escribir sobre él al resonar con él, entonces puede que esté dando voz al gran océano; más o menos, dependiendo de sus habilidades y sensibilidades.

Cuando una ola resuena con los movimientos del océano, su resonancia particular es un testimonio de esos movimientos mayores. Y si esa ola pudiera escribir, sus palabras serían un testimonio del océano. De ahí que algunos textos de filosofía sean testimonios del océano de la realidad fundamental, si uno los lee como testimonios. Llevan los sonidos de sus corrientes, si uno sabe cómo escuchar.

Pero, por supuesto, no todos los textos filosóficos son así. Muchos no son más que acrobacias intelectuales. Sin embargo, incluso en esos casos, a veces se encuentran entre las numerosas páginas algunos párrafos que dan testimonio de algo más grande. Y entonces, si uno sabe cómo leerlos, puede escuchar los sonidos del océano.

Así es como, en Filosofía Profunda, encontramos nuestros textos para la contemplación: Buscamos entre montañas de escritos filosóficos, con la esperanza de encontrar un puñado de gemas preciosas —un par de páginas aquí, un capítulo allá— que den testimonio de la resonancia humana con el océano de la realidad.

La realidad es indispensable

Alguien podría preguntarnos: "¿Cuál es esa realidad fundamental que ustedes, filósofos profundos, persiguen? ¿Y cómo pueden saber cuándo la han encontrado, o cuándo se están acercando?"

La honestidad nos obliga a dudar en este punto. Cualquier cosa que digamos acerca de la "realidad fundamental" puede sonar demasiado pomposa. Aunque nos refiramos a estas palabras en un sentido humano cualificado —en el sentido de "la realidad en la medida en que es accesible a los humanos"—, siguen sonando pretenciosas. Incluso aunque nos limitemos al fundamento de la realidad *humana*, cualquier conversación sobre el fundamento debe tratarse con una sana sospecha.

Pero no hablemos de la realidad como una cosa independiente que está en algún lugar y que espera ser encontrada. Permitámonos no pensar en ella como un objeto de nuestros pensamientos y teorías. La realidad de la que doy testimonio ya se encuentra manifestada dentro de mí. No es una cosa fuera de mí ni un sentimiento subjetivo dentro de mí, porque envuelve tanto el interior como el exterior. La realidad, al fin y al cabo, es la raíz de todo, residiendo en todas partes, tanto en mí como ahí fuera. Es por eso que, en momentos especiales, cuando se manifiesta en mí, aparece como una presencia en todas partes, como la preciosidad de todo, como la realidad de la que soy parte.

Y si este discurso sobre la "realidad" les sigue pareciendo demasiado embarazoso, déjenme decirles que no puedo permitirme descartarlo sin perder mi alma. No puedo descartar mi anhelo de realidad o mi aprehensión de realidad como si fuera una ficción; no puedo tratar la antigua búsqueda humana de la verdad como si fuera una mera ilusión. Esto da forma a lo que soy.

Las voces más allá del texto
Me siento a contemplar y contemplo un texto filosófico. El tema del texto puede ser alguna teoría sobre el amor o la libertad, o la belleza o lo que sea, pero el tema del propio acto contemplativo es más profundo; es la realidad humana que ha dado origen a esas ideas abstractas. Las ideas en sí mismas también son relevantes, pero como un intermediario: Me dirigen más allá de ellas mismas a los significados fundamentales que están en sus raíces. Las ideas son objetos del intelecto formulados en palabras, pero los significados fundamentales son voces de la realidad misma; son más primordiales que las palabras, los conceptos o las teorías.

Así, el acto contemplativo se compone de dos elementos mezclados: Primero, la captación de las ideas filosóficas, y segundo, de estas ideas a los significados fundamentales más allá de ellas.

El primer paso se refiere a las ideas: Unidades intelectuales que la mente puede captar, manipular y aplicar, y que se transmiten de persona a persona en el habla o la escritura. Pero estas unidades intelectuales aún carecen de fundamento en la realidad humana. Pueden tener significados semánticos, pero aún no tienen un sentido vital. Pueden describir o representar ciertos hechos objetivos, pero aún no están inmersas en el océano que da vida a la vida. El sentido vital, como en el caso de la plenitud o la preciosidad, no es una cosa que se pueda describir —ciertamente no desde el exterior— sino algo que se puede recibir y de lo que se puede vivir. Así, las ideas filosóficas —si tienen alguna profundidad, si son algo más que construcciones intelectuales— son testimonios de los significados originales antes de ser objetivados en ideas y estructurados para que la mente los capte.

Contemplamos un texto porque no podemos alcanzar los significados fundamentales directamente. No podemos colocarlos en nuestra mente como hacemos con un concepto u oración, porque no son objetos mentales en absoluto. Pero a través del texto, si la contemplación es exitosa, su presencia se encarnará en nosotros.

Comprender participando

Como filósofos de la profundidad, buscamos los significados fundamentales que llamamos "voces de la realidad". Y como no podemos capturarlos en nuestras teorías, cantamos junto a ellos para participar en su orquesta polifónica.

"Participar" es nuestra manera de entender la música de los significados fundamentales. Lo que no puedes objetivar en un objeto de pensamiento, lo que no puedes pensar, todavía puedes cantarlo. El violín entiende la flauta tocando con ella y acompañándola significativamente. Pueden tocar con la orquesta para entenderla, al menos como lo hacen los oyentes del público que tararean la melodía en sus corazones.

La ola no inspecciona el océano desde el exterior. Encarna los movimientos del océano y los deja resonar en su interior, y así da voz al agua primordial.

La aprehensión de realidad

Desde la perspectiva del tedioso día a día, la realidad puede parecer apenas perceptible. La silla de allí es real, mi tos es real, tu sonrisa es real, el ruido de la calle es real, ¿no? Lo real es real, y no hay mucho que decir al respecto, o eso parece.

Sólo en los momentos de especial realidad descubro cuán real puede ser la realidad, cuán majestuosa y preciosa. Porque, de repente, todo es real como pocas veces lo ha sido antes, presente con una suave intensidad, desbordante de silencio, y yo también formo parte de ello. Sin embargo, nada en mi mundo ha cambiado: Todos los hechos y objetos son precisamente lo que habían sido antes —los mismos colores, las mismas formas y ángulos—, sólo que más reales.

¿Qué es esta realidad? No es algo para definir, sino para atestiguar. La realidad no es un objeto de pensamiento y descripción, ni un contenido de la mente para captar: Es por eso que la realidad no cambia los objetos que percibo a mi alrededor. Tampoco es una emoción; al contrario, todas las emociones se silencian en esos momentos. La realidad me envuelve, sumergiendo tanto al sujeto como al objeto, al pensador y al pensamiento, a la mente y a sus contenidos.

Esos momentos pueden aparecer de forma espontánea, a veces en paseos silenciosos por la naturaleza, a veces mientras se escucha una música sublime, o incluso en medio de un día ajetreado. Pero cuando tienen lugar en la contemplación de un texto, son algo más que mera realidad; también están impregnados de sentido. La contemplación manifiesta significados primordiales en la más absoluta realidad.

Más que solo psicología

¿Me atrevo a afirmar que puedo contemplar el océano de la realidad? Soy un simple ser humano, una partícula en el universo, atrapado en mi minúscula psicología humana. Sin embargo, no estoy completamente atrapado en mi pequeñez. Estoy en sintonía con horizontes más amplios más allá de mis estrechos límites. Y a través de esta sintonía, realidades más grandes se manifiestan en mí, tal y como el gran viento se manifiesta en el campo a través de las pequeñas y temblorosas flores.

No soy sólo un mecanismo psicológico, porque mi profundidad interior está abierta a vastos reinos. Y gracias a esta apertura puedo contemplar: Dejo ir las opiniones que poseo en mi psicología, silencio mi pensamiento automático, y en silencio escucho profundamente en mi interior. Ahora estoy en sintonía con las voces de la realidad, y resueno con ellas como la pequeña flor resuena con la brisa que sopla a su alrededor.

Parte B

RAÍCES DE FILOSOFÍA PROFUNDA

Cualquier esfuerzo filosófico que busque explorar el fundamento de la existencia humana, como hace Filosofía Profunda, es parte de una historia de ideas más larga, tanto personal como cultural, que empezó antes de su nacimiento. Emergió en un punto específico en las vidas de pensadores individuales, y en cierto punto en la historia. Esto sugiere que comprender las raíces históricas de un enfoque filosófico como el nuestro puede proveer un entendimiento más completo del mismo. Es verdad que a veces las raíces históricas pueden ser ignoradas por cuestiones prácticas, especialmente en el caso de filosofías que son altamente técnicas y abstractas. En gran medida, éstas pueden ser vistas como sistemas de pensamiento relativamente independientes que pueden ser entendidos con bastante independencia de su historia.

Sin embargo, un punto de vista no-histórico es menos apropiado en el caso de los enfoques filosóficos que buscan explorar la vida concreta tal como es vivida. Dichos enfoques frecuentemente reflexionan sobre experiencias, presupuestos, anhelos y predicamentos personales y culturales específicos; los cuales deben ser apreciados para conseguir un entendimiento completo de la filosofía en cuestión. Este punto de vista es todavía menos apropiado en el caso de Filosofía Profunda, que involucra un diálogo personal entre el practicante filosófico individual y la vida. Tal diálogo está siempre inmerso en un contexto personal e histórico específico, y está teñido por él.

Además, Filosofía Profunda es histórica por su propia naturaleza: Cuando contemplamos textos históricos estamos en diálogo con pensadores históricos. Nuestro intento por relacionarnos con los fundamentos de nuestra existencia a través de las voces del pasado hace de Filosofía Profunda parte de un diálogo humano más largo con la realidad.

Capítulo 6

EL GRUPO DE FILOSOFÍA PROFUNDA

Filosofía Profunda se fundó por un pequeño grupo internacional de personas que se llamaron a sí mismos el Grupo de Filosofía Profunda. Para comprender la naturaleza de Filosofía Profunda, debemos seguir su trabajo y ver cómo sus exploraciones y visiones le han dado forma. Naturalmente, puedo dar cuenta de mis propias experiencias mucho mejor que de las de mis compañeros. A pesar de ser reacio a hablar sobre mi vida personal, me parece que compartir algunas experiencias personales ayudaría a arrojar luz sobre la historia del Grupo de Filosofía Profunda.

Aspiraciones tempranas

Como muchos jóvenes estudiantes, entré a la universidad con una vaga aspiración de aprender sobre el sentido de la existencia humana. Decidí hacer una doble especialización en filosofía y psicología, y en los primeros años encontré muchas ideas estimulantes. Sin embargo, como muchos otros estudiantes, pronto empecé a sentir una inquietante ambivalencia, que me acompañaría por muchos años. Por un lado, estaba fascinado por el intento de la filosofía por abordar los grandes temas de la vida: ¿Qué podemos esperar conocer acerca del mundo? ¿Qué es la mente y qué es la consciencia? ¿Qué es el amor verdadero? ¿Qué significa ser libre o auténtico? Por otro lado, las ideas filosóficas que encontraba me parecían demasiado abstractas y remotas: Sentí que realmente no tocaban la experiencia viva del ser humano y no arrojaban luz sobre la vida real. Parecían no ser sobre la vida, sino sobre una improvisada abstracción de la vida a la que le faltaba realidad concreta.

Algunos estudiantes que experimentaron una frustración similar terminaron abandonando la filosofía por otras disciplinas. Yo perseveré porque, a pesar de mi insatisfacción, seguía esperando encontrar un tipo de filosofía que fuera personalmente significativa. Siempre vacilando entre la esperanza y la desilusión, completé mis estudios doctorales en Estados Unidos y comencé a enseñar filosofía en la universidad. Trabajé en el área de filosofía de la psicología, publicando artículos profesionales y participando en congresos, pero a lo largo de estos años mi sed por una filosofía más significativa continuó atormentándome.

Llegué a ver una separación entre la vida y la filosofía: La vida concreta nos ofrece experiencias ricas y profundas; en la naturaleza, en la amistad y el amor, en el trabajo, en la literatura, música y arte. La filosofía, en cambio, nos ofrece reflexiones intelectuales y teorías. ¿Por qué no pueden ambas combinarse dentro de un movimiento unificado? ¿Debemos escoger entre experimentar la vida y comprenderla? Quería la combinación de ambas. Anhelaba tocar la vida con una forma viva de sabiduría.

Al inicio de los 90, mientras daba clases en una universidad de Texas, escuché acerca de la "consultoría filosófica" (también llamada orientación filosófica, asesoría filosófica, o consulta filosófica), una nueva práctica que había comenzado una década antes en Europa y era practicada por dos pequeños grupos, uno en Alemania y uno en Holanda. Su impacto en el público general era mínimo en ese tiempo, pero cuando escuché que su visión era hacer que la filosofía fuera relevante para la gente ordinaria, mi interés se despertó.

Entusiasmado viajé dos veces a Europa y me encontré con gente de ambos grupos. Aunque me di cuenta de que continuaban dando sus primeros pasos experimentales, simpaticé con sus ambiciones.

Su formato principal de actividad era el de la consultoría individual: Encuentros uno-a-uno entre un consultor filosófico y un cliente. El consultor filosófico, como un consultor psicológico ordinario, se encontraría con un cliente por una serie de sesiones, y ambos conversarían sobre los asuntos y predicamentos personales del cliente. Para distinguirse de los psicólogos, esos primeros filósofos prácticos (aquellos filósofos que hacen algún tipo de práctica filosófica) intentaron desarrollar una consultoría cuyo diálogo fuera filosófico en su naturaleza, aunque yo no estaba convencido de que hubiesen tenido éxito. Por un lado, su consultoría parecía lidiar primariamente con los problemas personales del cliente, tal como en la psicoterapia, y no con los asuntos vitales fundamentales que caracterizan el discurso filosófico.

Con ciertas dudas, decidí unirme a ese esfuerzo e intentar desarrollar una consultoría filosófica que fuera verdaderamente filosófica, y estableciera el punto de encuentro que yo había estado esperando encontrar entre el discurso filosófico y la existencia humana concreta.

Me embarqué en este esfuerzo con mucha energía y comencé a desarrollar mi propia visión de la consultoría filosófica, al principio de manera experimental con voluntarios y después con clientes que pagaban. Las reacciones de mis clientes eran positivas, aunque era difícil decir si era debido al contenido supuestamente filosófico de mi asesoramiento. Después de un tiempo consolidé mi concepción de la consultoría filosófica, publiqué artículos al respecto y di conferencias y presentaciones. También ideé y co-organicé el Primer Congreso Internacional de Consultoría Filosófica, que tuvo lugar en 1994 en la University of British Columbia, en Canadá. Poco después, la idea de la práctica filosófica (o consultoría) comenzó a esparcirse, y nuevos grupos de práctica filosófica emergieron en numerosos países de Europa y en Norteamérica. Comencé a dar un curso nuevo sobre consultoría filosófica en la Universidad de Haifa, en Israel. Comenzaron a aparecer publicaciones adicionales y actividades de compañeros filósofos prácticos.

Pero a pesar de estos desarrollos, comencé a desilusionarme más y más, y comencé a distanciarme de mi trabajo anterior. Me preocupaba que la consultoría filosófica (o "práctica filosófica", como ha comenzado a llamarse ahora) era intelectual y remota, demasiado similar a la filosofía académica. Analizar con mis clientes sus experiencias personales sigue siendo un tratamiento intelectual de la vida.

Lo que es peor, comencé a cuestionar si este tipo de consultoría era filosófica en absoluto. Filosofar, como se ha practicado en Occidente por más de 2,600 años, significa explorar cuestiones generales de la vida, no discutir el problema personal y específico de un individuo en particular. Eso significa buscar comprender cuestiones fundamentales de la vida y la realidad, no analizar los problemas de María en el trabajo o las peleas de Pedro con su esposa.

Mientras continuaba buscando mejores maneras de hacer mi consultoría verdaderamente filosófica, así como concretamente personal, me di cuenta del valor de usar escritos filosóficos tradicionales en mi trabajo con la gente. Breves textos filosóficos del pasado pueden servir como ricas fuentes de sabiduría para la comprensión de uno mismo, siempre que no sean empleados como una autoridad a seguir sino como materiales en bruto para desarrollar comprensiones personales. Usar textos filosóficos parecía ser un buen paso hacia la conexión de mi práctica con el espíritu de la filosofía. Después de todo, la filosofía es un discurso histórico en el que los pensadores responden unos a otros y a pensadores previos. Tú no puedes hacer filosofía seriamente, en el sentido occidental del término, sin relacionarte con filósofos relevantes del pasado como si nunca hubieran existido. No puedes inventar pensamientos filosóficos a partir de la nada.

Y así, en mis consultorías con individuos frecuentemente daba a mis consultantes breves textos como potenciales puntos de partida para la auto-investigación. También comencé a trabajar con grupos, y desarrollé un formato de grupos de auto-reflexión filosófica en donde los participantes usaban ideas filosóficas tradicionales como herramientas para examinar sus vidas y experiencias personales. Los participantes compartían unos con otros experiencias relevantes y comprensiones profundas mientras buscaban una comprensión de sí mismos más profunda.

Al mismo tiempo, en mis escritos y conferencias continuaba instando a mis compañeros filósofos prácticos a buscar direcciones filosóficas más profundas. De manera contraria a la tendencia común en aquél tiempo, sugerí que los filósofos prácticos debían trabajar no con personas que querían resolver problemas personales —ellos pueden ir a ver a un psicólogo— sino con aquellos que anhelan enriquecer sus vidas y elevarlas. Muchos filósofos tradicionales a través de los tiempos creyeron que la filosofía podía guiar al desarrollo de uno mismo; ¿por qué no seguir su visión?, ¿por qué imitar a la psicología con su enfoque de resolución de problemas? La meta de la filosofía nunca ha sido normalizar a la gente, en otras palabras, devolverlas a una vida normal, sino por el contrario, despertarlas de su "normal" adormecimiento.

Dada mi prominente posición en el movimiento, tuve la oportunidad de dar voz a mis preocupaciones en muchas ocasiones. Muchos leyeron mis artículos o escucharon mi discurso, sin embargo, sus respuestas no fueron más que un reservado interés. La razón principal era, según creo ahora, que no había alternativas sobre la mesa. La consultoría es un formato ya familiar de actividad, conocido por la psicología, y es fácil de copiar. Pero ¿cómo comienzas un tipo de filosofar completamente nuevo que pueda traer profundas y significativas comprensiones personales?

Primeros experimentos con la contemplación filosófica

No puedo dejar de enfatizar lo frustrante que fue todo esto para mí a finales de los 90 y principios de los 2000. Sentí que había llegado a un punto muerto en mi búsqueda por una forma de filosofía que diera vida. ¿Era posible que la filosofía estuviera destinada a permanecer divorciada de la vida, y no hacer nada más que intelectualizar en lo abstracto?

Pero una nueva fuente de inspiración vino en mi ayuda, al comienzo como una actividad no relacionada, y después reformando profundamente mi trabajo filosófico. Al inicio de los 90, mientras continuaba enseñando filosofía de tiempo completo en una universidad, visité un monasterio contemplativo, e inmediatamente fui cautivado por el espíritu contemplativo. A pesar de que nunca llegué a creer en la fe católica de los monjes, ni en alguna otra religión institucional, estaba profundamente conmovido por la vida espiritual y las prácticas espirituales de los monjes. Gracias a la generosa hospitalidad de los monjes, comencé a pasar semanas y meses seguidos en el monasterio. Durante esos años gané experiencia en técnicas contemplativas y otros ejercicios espirituales. Fui afortunado de recibir muchas experiencias espirituales profundas que me sacudieron hasta el centro y me influenciaron profundamente. Sin embargo, como siempre he sido suspicaz sobre las creencias dogmáticas, sean religiosas o de otro tipo, me mantuve como un buscador espiritual de espíritu libre.

Fue solamente muchos años después, a principios de los 2000, que en mi mente comenzó a tomar forma la idea de combinar la búsqueda filosófica con prácticas espirituales, dando lugar a una filosofía de tipo contemplativa. ¿Por qué no filosofar sobre asuntos básicos de la vida usando técnicas contemplativas? Si esas técnicas funcionan con textos religiosos en los que no creo, ¿por qué no podrían ser adaptadas también a los textos filosóficos?

Mis primeros experimentos fueron con la técnica de contemplación de textos llamada *"Lectio Divina"*, la cual aprendí en el monasterio. En esta técnica, el contemplador lee silenciosamente unas cuantas oraciones de un texto mientras escucha interiormente, y después continúa a través de varios pasos hacia un estado mental más profundo. Esta práctica puede estructurarse de varias maneras, pero mis experimentos gradualmente dieron a luz a una versión que encuentro apropiada para la contemplación filosófica. En vez de textos religiosos, yo utilicé breves extractos, profundos y condensados, de ensayos filosóficos más extensos, y me deleité al descubrir que ellos también me tocaron profundamente y me elevaron. En contraste con la contemplación religiosa que está basada en la creencia en dogmas religiosos y escrituras sagradas, me di cuenta de que era importante escuchar al texto filosófico sin estar de acuerdo o en desacuerdo con él, tratándolo como una voz preciosa entre muchas otras voces de la realidad humana. Después de un tiempo comencé a usar técnicas contemplativas adicionales, como la escritura contemplativa y las caminatas espirituales en silencio.

Hacia mediados de los 2000 comencé a sentir que estaba listo para compartir mis prácticas con otros, y empecé a facilitar actividades contemplativas grupales. No todos mis experimentos fueron exitosos, pero conforme continué trabajando con pequeños grupos de colegas y ex-estudiantes, mis prácticas se consolidaron gradualmente. Poco a poco mi práctica filosófica contemplativa adquirió un enfoque y estructura, y comenzó a dar frutos.

Companionships online

Mi siguiente paso fue la transición hacia grupos de larga duración que trabajarían juntos por varias semanas. Ya que yo quería trabajar con grupos internacionales, fue necesario encontrarnos en una plataforma de video-chat, como Skype.

Gracias a que conocía a muchos filósofos prácticos, pude contactarlos e invitarlos a participar en sesiones experimentales online. En cada sesión usábamos un texto filosófico seleccionado y lo contemplábamos por cerca de una hora. Aprendí que una buena sesión de contemplación requiere una estructura clara y enfocada. A la mente se le debe permitir concentrarse completamente en el texto y escucharlo internamente en silencio. Los ejercicios complicados, las discusiones y las deliberaciones distraen demasiado.

Al inicio compartía el rol de facilitador con un puñado de colegas que se me habían unido, cada uno o cada una facilitando una sesión en su turno. No obstante, cuando comprendí los retos de la contemplación, llegué a la conclusión de que demasiada igualdad entre los miembros del grupo no conducía a la contemplación. No todo el mundo es igualmente experimentado y habilidoso para facilitar, no puedes esperar que un facilitador primerizo conduzca una gran sesión como uno ya experimentado. Los facilitadores de grupo son en cierto sentido como los directores de música que dirigen una orquesta, y sus habilidades personales son indispensables para una sesión bien orquestada. Su rol es guiar a los participantes a través de una secuencia de ejercicios, marcar el ritmo y paso apropiados, y cultivar la atmósfera contemplativa. Solamente cuando la actividad fluye impecablemente, los participantes pueden entregarse completamente a la "polifonía" contemplativa.

Por lo tanto, decidí tomar el liderazgo y dirigir la mayoría de las sesiones filosóficas yo mismo. Comencé a armar un repertorio de ejercicios contemplativos con nombres como "habla preciosa" (una técnica para expresar las comprensiones profundas en una manera precisa y condensada), "lectura gentil" (que rompe el flujo habitual de lectura para saborear las palabras individuales), y otros más. Usé el nombre "companionship filosófico" para referirme a cualquier grupo comprometido con esta actividad.

Conduje muchos companionships filosóficos online e invité a nuevos compañeros filósofos prácticos a participar en ellos. Cada companionship estaba limitado a cuatro sesiones, una sesión por semana, para que la actividad no se disipase en el tiempo y perdiera energía. Gradualmente las sesiones se volvieron intensas y estructuradas, ofreciendo a los participantes experiencias preciosas, comprensiones profundas, y un sentido de unión grupal.

Retiros filosóficos
Continué dirigiendo esos companionships filosóficos online por varios meses con participantes de muchos países. Y entonces, una nueva idea comenzó a intrigarme: Organizar un retiro contemplativo en algún lugar de Europa, donde muchos de mis colegas vivían. No obstante, esto no fue una tarea sencilla, dado que yo estaba viviendo en los Estados Unidos.

En el 2016, amigos de amigos generosamente me permitieron usar su casa de verano en el noroeste de Italia, en las montañas boscosas de Liguria. Organicé un retiro de fin de semana de contemplación filosófica con la ayuda de Stefania Giordano, una compañera filósofa práctica de Italia. Dieciséis personas de cuatro países europeos participaron en este retiro. Las devoluciones entusiasmadas de los participantes me animaron a continuar.

Y entonces se abrió una nueva puerta. Uno de los participantes, Michele Zese, me ofreció usar la casa de su familia para futuros retiros. Esta casa, en la pequeña villa de Brando en las montañas de Torino, demostró ser crucial para desarrollos futuros. El primer retiro en Brando, en septiembre del 2017, fue profundo e inspirador. Al final del retiro, siete de nosotros nos quedamos una mañana más. Nos sentamos alrededor de la mesa de la cocina, satisfechos y llenos de impresiones, reflexionando juntos. En ese lugar y momento decidimos formar un grupo devoto a la contemplación filosófica, al cual llamamos posteriormente "Filosofía Profunda".

Este nuevo grupo internacional comenzó a reunirse online de manera regular, y también organizó varios retiros posteriores en Brando y otros lugares. Experimentamos con nuevas técnicas y creamos un programa de entrenamiento para nuevos miembros. Nuevos miembros se unieron a nosotros, mientras otros se fueron (como es de esperarse en cualquier grupo intensivo y activo). El resultado fue un núcleo de cerca de seis o siete miembros dedicados completamente, así como un círculo más grande de gente de varios países que ocasionalmente participaban en nuestras actividades online y retiros.

Estos eventos me enseñaron otra lección importante; que desarrollar un nuevo formato de actividades es un proceso largo. Toma tiempo y experimentación para que un nuevo enfoque se consolide en su forma óptima.

Esta es, en efecto, la razón principal por la que estoy contando aquí sobre estos experimentos en tanto detalle. Filosofía Profunda no es una invención arbitraria sino el resultado de un proceso largamente dinámico y creativo, que continuó creciendo en el curso de varios años. Aunque se nutrió por los esfuerzos creativos de miembros comprometidos, tuvo una vida propia que trascendió nuestros pensamientos iniciales. Los frutos de este proceso pueden servir como testigos al hecho de que la filosofía contemplativa, y Filosofía Profunda en particular, son expresiones de la búsqueda humana por un encuentro profundo y significativo con la vida.

Teoría de Filosofía Profunda

El grupo de Filosofía Profunda continuó reuniéndose online de manera regular, así como en retiros ocasionales, y en unos pocos meses desarrolló un repertorio de técnicas filosófico-contemplativas. Pronto surgió la necesidad de consolidar esta práctica alrededor de principios básicos, y de darle una fundamentación teórica. Como practicantes queríamos tener una mejor concepción de lo que estábamos haciendo.

Varios asuntos se presentaron a sí mismos como especialmente importantes; Primero, ¿qué significa "profundidad interior"? La expresión está asociada con una poderosa experiencia interior que uno experimenta mientras contempla, pero ¿que podemos decir acerca de ella teóricamente?

Segundo, ¿qué estamos haciendo exactamente cuando contemplamos? ¿Qué nos sucede cuando pensamos un texto desde nuestra profundidad interior?

Tercero, ¿cuál es la relación entre los miembros del grupo durante la sesión, y entre los practicantes y el autor del texto? En la práctica sentimos que estamos "resonando" unos con otros y con el texto, y experimentando un fuerte sentido de unión. ¿Pero cuál es la naturaleza de esta unión o esta resonancia?

Cuarto, ¿qué podemos esperar conseguir a través de esta práctica? Ciertamente, experimentamos una profunda aprehensión de significatividad y preciosidad, y confiábamos en el valor de lo que estábamos haciendo. Pero ¿cómo podríamos conceptualizar la significatividad de esta actividad?

Estos asuntos y otros relacionados estuvieron en mi mente por varios meses. Frecuentemente buscaba en escritos filosóficos tradicionales algunas ideas filosóficas que pudieran ayudar a desarrollar una fundamentación teórica. Encontré especialmente fructíferos los textos de los antiguos estoicos y neoplatónicos, de los alemanes del romanticismo, de los trascendentalistas norteamericanos, de varios existencialistas, así como de un número de pensadores del siglo XX, como Bergson y Buber. Pero no fue hasta el 2018 y 2019 que una imagen conceptual comenzó a tomar una forma clara en mi mente, y una red sólida de ideas emergió. Como resultado, ahora tenemos un marco teórico y metodológico de Filosofía Profunda. Fiel a la naturaleza histórica de la filosofía, está inspirado por ideas de filósofos seleccionados del pasado, pero también va más allá de ellos hacia una visión nueva y única. Esta red de ideas y prácticas juega un rol importante en el entrenamiento que damos a la gente que desea unirse a nosotros y convertirse en facilitadores. Varios de esos cursos de entrenamiento ya han terminado exitosamente, y conforme nuevas personas se unen a nosotros, ellas traen consigo nueva energía y perspectivas.

Debería quedar claro, a partir del relato histórico anterior, que la teoría, metodología y práctica de Filosofía Profunda son producto de un intenso proceso de investigación continua. Esperamos que continúe evolucionando y nunca se petrifique. Filosofía Profunda se mira a sí misma no como una verdad final, sino como estando siempre en un proceso dinámico de crecimiento.

Capítulo 7

RAÍCES HISTÓRICAS

Filosofía Profunda es a la vez algo nuevo y antiguo. En un sentido, comenzó a surgir a principios de la década del 2000 y fue consolidada en 2017-2020 por un pequeño grupo internacional de filósofos prácticos que se llamó a sí mismo "The Deep Philosophy Group" (El grupo de Filosofía Profunda). En otro sentido, tiene raíces históricas más antiguas, algunas de las cuales se remontan a la filosofía antigua. De hecho, los filósofos de la historia de la filosofía han servido como importantes fuentes de inspiración para los practicantes de Filosofía Profunda.

Raíces históricas: Métodos filosóficos

Los métodos filosóficos que utilizamos en Filosofía Profunda tienen un carácter especialmente contemplativo. Crean un discurso que es muy diferente al de las discusiones intelectuales practicadas por la mayoría de los principales filósofos académicos de hoy en día y por muchos filósofos del pasado. Sin embargo, a lo largo de la historia de la filosofía se pueden encontrar temas metodológicos similares a los nuestros.

Uno de estos temas históricos, que también se encuentra en Filosofía Profunda, se basa en la idea de que el pensamiento discursivo o intelectual no es suficiente para comprender los aspectos fundamentales de nuestro mundo. Las formas alternativas de pensamiento —holísticas, poéticas, intuitivas, contemplativas, etc.— son necesarias para comprender la experiencia humana, la vida humana o la realidad en general. Entre los partidarios de este punto de vista se encuentran neoplatónicos como Plotino (204-270 d.c.) y Proclo (412-485 d.c.), que practicaban técnicas meditativas para conectar con niveles superiores de la realidad; románticos alemanes como Novalis (1772-1801) y Friedrich Schlegel (1772-1829), que creían que las formas poéticas e intuitivas de pensamiento son necesarias para una comprensión global del mundo; Henri Bergson (1859-1941), que sostenía que sólo una intuición holística especial puede apreciar la naturaleza real de nuestras experiencias; y Edmond Husserl (1859-1938), que desarrolló un tipo especial de introspección para comprender la estructura fundamental de la experiencia. Filosofía Profunda comparte este deseo de ir más allá de las discusiones intelectuales, y en este sentido se asemeja a esos enfoques.

Un segundo tema histórico, que también se encuentra en Filosofía Profunda, se basa en la comprensión de que el filosofar profundo requiere el cultivo de un estado mental especial. Comprender la realidad no es sólo una cuestión de "mirar y ver", porque es posible que aún no tengas las capacidades mentales o espirituales para "ver". El tipo de comprensión deseado sólo es posible después de haber desarrollado sensibilidades especiales. Entre los pensadores que adhirieron a lo anterior se encuentran Platón (alrededor del 424-348 a.C.), cuyo diálogo "El Banquete" describe cómo el filósofo se eleva, en un largo y difícil proceso, a través de varios niveles de sabiduría erótica hacia la apreciación del Uno; los antiguos estoicos, como Marco Aurelio (121-180 d.C.), que utilizaban ejercicios espirituales de escritura, diálogo interior e imaginación guiada para conectar con su verdadero yo (el llamado principio rector) y desarrollar una conciencia más profunda de la vida y el cosmos; Baruch Spinoza (1632-1677), que describió lo que denominó "amor intelectual a Dios" (o el "tercer género de conocimiento") como el nivel más alto de sabiduría y comprensión que se puede alcanzar tras años de trabajo filosófico; y Ralph Waldo Emerson (1803-1882), que llamó a sus lectores y oyentes a desarrollar la sensibilidad interior hacia la fuente metafísica de inspiración que denominó "El Súper-alma".

Un tercer tema metodológico, que se encuentra en Filosofía Profunda y en algunos filósofos históricos, es la idea de que las diferentes filosofías históricas no tienen por qué ser tratadas como afirmaciones verdaderas que se contradicen entre sí, como podría parecer. Este enfoque adopta a veces la forma del pluralismo o del sincretismo, y sugiere que las diferentes filosofías pueden entenderse como expresiones diferentes de las mismas comprensiones o experiencias humanas. Para Filosofía Profunda, las diferentes voces filosóficas no sólo son consistentes entre sí, sino que se complementan en una rica polifonía humana.

Estos ejemplos demuestran que Filosofía Profunda tiene principios metodológicos que se asemejan a los de importantes enfoques históricos. Aunque ninguno de estos enfoques es, estrictamente hablando, el mismo que el de Filosofía Profunda, pueden ser considerados como sus primos, o como raíces históricas.

Raíces históricas: El poder de filosofar

Desde otra perspectiva histórica, encontramos similitudes entre la forma en que varios pensadores tempranos entendían el poder del filosofar y la forma en que se entiende en Filosofía Profunda. Esos pensadores del pasado creían que la filosofía no está limitada a producir teorías abstractas porque puede influir en nosotros de maneras más profundas.

Un ejemplo histórico, central en Filosofía Profunda, es la idea de que la filosofía puede ayudarnos a ir más allá de los límites del pensamiento normal y revelar aspectos ocultos de la realidad que normalmente no nos son accesibles. Esta idea puede encontrarse en algunos de los filósofos ya mencionados, por ejemplo, Platón y los neoplatónicos, que creían que existen niveles superiores de la realidad, más allá del mundo material, que requieren un tipo especial de pensamiento contemplativo para ser apreciados. La Alegoría de la Caverna de Platón ilustra muy bien la idea de que el filósofo debe salir de la "cueva" del pensamiento ordinario para poder ver más allá de las meras sombras de la realidad. Un ejemplo moderno interesante es el de Karl Jaspers (1883-1969), quien sostenía que los sistemas filosóficos (al igual que los mitos, la naturaleza y el arte) pueden servir como "cifras" de la Trascendencia que nos apuntan más allá de nuestro mundo objetivo y su estructura sujeto-objeto. Asimismo, el teólogo y filósofo Paul Tillich (1886-1965) sostenía que las creaciones culturales, incluida la filosofía, pueden servir como "símbolos" que nos remiten a reinos para los que no tenemos otro acceso, abriéndose ellos a nosotros y nosotros a ellos.

En segundo lugar, para muchos filósofos de todos los tiempos, filosofar tiene poderes transformadores. Mediante el filosofar podemos alcanzar un estado mental más elevado o profundo, más completo, libre o armonioso. Ejemplos de ello son la mayoría de los pensadores destacados mencionados anteriormente. Desde esta perspectiva, el papel de la filosofía no es sólo producir ideas y teorías, sino cambiarnos a nosotros mismos.

A veces este asunto se expresa en términos de autotransformación: Mientras que en la vida cotidiana normalmente estamos controlados por patrones psicológicos rígidos que hacen que nuestra vida sea superficial, fragmentaria y automática; la filosofía nos ayuda a trascender esta prisión. Puede ayudarnos a transformarnos, al menos en parte o temporalmente, para lograr una mayor libertad, integración y conexión con los verdaderos manantiales de nuestro ser. Un ejemplo obvio son los filósofos estoicos, como Epicteto (50-135 d.C.) y Marco Aurelio (121-180 d.C.), cuyo objetivo era liberarnos de nuestros apegos y alcanzar la libertad interior.

En una dirección algo diferente, algunos filósofos sostenían que filosofar puede conducir a un desarrollo a largo plazo de nuestra actitud básica ante la vida. La mayoría de los filósofos mencionados anteriormente compartían esta convicción. Otros ejemplos son Epicuro (341-270 a.C.), que creía que la filosofía puede guiarnos hacia una vida de simplicidad y felicidad tranquila; Jean-Jacques Rousseau (1712-1778), cuya filosofía nos instruye sobre cómo cultivar nuestro auténtico yo; y Friedrich Nietzsche (1844-1900), cuya filosofía poética pretende inspirarnos a pasar por el difícil proceso de superar nuestro pequeño yo para vivir una vida más plena y noble.

Estos ejemplos demuestran que, a diferencia de los pensadores teóricos desde la antigüedad hasta los filósofos académicos contemporáneos, muchos otros filósofos en la historia creían que el poder de la filosofía es mucho mayor que la mera composición de teorías abstractas. En este sentido, se asemejan a las aspiraciones de Filosofía Profunda.

Precursores históricos de Filosofía Profunda

Los temas históricos mencionados anteriormente aparecen en los escritos de diversos pensadores que vivieron en diferentes periodos históricos y que tuvieron diferentes visiones del mundo. Naturalmente, expresaron estos temas de diferentes maneras y por medio de diferentes terminologías y conceptos. Pueden considerarse como precursores de Filosofía Profunda, y algunos de hecho han inspirado al Grupo de Filosofía Profunda. A continuación, se presenta una lista incompleta de algunos de esos precursores, organizada más o menos cronológicamente:

Platón (427-347 a.c.) puede considerarse uno de nuestros primeros precursores. Como nos dice en su diálogo "El Banquete" y en la Alegoría de la Caverna, la fuente de la filosofía es el anhelo —o Eros— de lo que él llamó el Bien, la Verdad y la Belleza. La filosofía no está motivada por un frío interés intelectual, sino por un anhelo, y conduce al verdadero "amante" filosófico no a la acumulación de meros conocimientos objetivos, sino a la más alta apreciación de la "belleza" que hace que la vida merezca ser vivida. Además, el camino hacia esas alturas implica una transformación interior —simbolizada por la metáfora de salir de una cueva, o subir los peldaños del amor— hacia la obtención de una comprensión plena de la realidad. La filosofía, pues, es un largo camino de elevación de la vida.

Los siguientes precursores importantes son los antiguos pensadores estoicos. Un ejemplo destacado es el libro *Meditaciones* del filósofo y emperador romano Marco Aurelio (121-180 d.C.), escrito como un cuaderno de ejercicios espirituales. Sus ejercicios incluyen técnicas de imaginación guiada, ejercicios de escritura y pensamiento, hablar con uno mismo y exhortarse a pensar y vivir según los principios estoicos. Muchos de estos ejercicios pretendían despertar su "principio rector" o "daimon" dormido; el verdadero yo que está en armonía con el Logos del universo, que es similar a lo que llamamos "nuestra profundidad interior". Evidentemente, la filosofía para Marco Aurelio era una forma de vida que requería continuos ejercicios contemplativos dirigidos al cambio interior. Aquí también encontramos la importante distinción entre nuestros patrones psicológicos normales y nuestro verdadero ser interior, que es tarea de la filosofía despertar y fortalecer.

Un importante pensador que consideraba que la filosofía implicaba prácticas contemplativas fue el influyente filósofo neoplatónico Plotino (204-270 d.C.). Para él, la filosofía ayuda a nuestra alma a recordar su origen superior, a hacerla consciente de su estado caído y a dirigirla para que se eleve de nuevo hacia niveles superiores de realidad. Encontramos en su enfoque, como en la visión de Filosofía Profunda, la distinción entre el pensamiento cotidiano y la comprensión intuitiva de la realidad superior, así como el anhelo de conectar con la realidad a través de prácticas meditativas.

Las visiones de Platón y de Plotino, de que la filosofía puede ayudar a desarrollar en nosotros un nivel superior de comprensión y conectarnos con niveles superiores de la realidad, se encuentran en muchos filósofos posteriores del neoplatonismo, que fue una importante escuela de pensamiento durante más de mil años. Un interesante filósofo neoplatónico del Renacimiento, Pico della Mirandola (1463-1494), sostenía que las diferentes teorías históricas, como las de Platón y Aristóteles, no se contradicen entre sí como parece ser. Más bien, según él, son diferentes perspectivas o formulaciones de las mismas verdades. Este sincretismo filosófico es la reminiscencia de nuestro propio enfoque de las filosofías históricas. También desde la perspectiva de Filosofía Profunda, las aparentes contradicciones entre las diferentes teorías filosóficas son superficiales, y evitamos la tendencia académica común de verlas como oponentes que luchan por la verdad. Para nosotros son diferentes expresiones de un mismo ámbito más profundo, específicamente diferentes "voces" de la realidad humana fundamental. Aunque nuestro pluralismo y el sincretismo de Pico no son iguales, compartimos con él la apreciación de que las diferentes teorías filosóficas surgen de la misma fuente profunda, como aspectos diferentes de una sabiduría humana común.

Desde otra perspectiva, un tema importante en Filosofía Profunda es la íntima conexión entre las ideas filosóficas abstractas y los momentos concretos de la vida cotidiana. En nuestras sesiones de contemplación a menudo reflexionamos sobre cómo nuestro texto resuena con las experiencias personales de los participantes. Una motivación similar puede encontrarse en el filósofo francés Michel de Montaigne (1533-1592), cuyo libro principal, *Ensayos*, entrelaza anécdotas e historias personales, citas de pensadores antiguos y sus propias ideas y comprensiones filosóficas. Para nosotros, como para él, las ideas filosóficas no tienen porqué estar separadas de la vida cotidiana, ya que ambas pueden estar íntimamente entretejidas.

La conciencia de las formas superiores de entendimiento continúa en diversas formas en la filosofía moderna. Así, por ejemplo, encontramos en Benedicto Spinoza (1632-1677), un importante filósofo holandés de origen judío, la idea de que la filosofía puede llevarnos a un estado superior de la mente y la sabiduría —"el tercer género de conocimiento", como él lo llama— que implica paz interior y alegría.

La distinción entre las dimensiones ordinaria y superior de nuestro ser también se encuentra en los escritos del influyente filósofo suizo-francés Jean-Jacques Rousseau (1712-1778). Rousseau distingue entre el yo social, que es la máscara superficial que normalmente llevamos sin ser conscientes de ello, y el yo natural, que es la energía espontánea original con la que nacemos. La sociedad nos presiona para que adoptemos un falso yo social, lo que nos aleja de nuestro verdadero yo. La educación adecuada, sin embargo, puede cultivar el yo natural y protegerlo de las influencias negativas, como una planta joven en un invernadero. Aunque en Filosofía Profunda no suscribimos al punto de vista pesimista de que la sociedad aliena necesariamente al individuo, encontramos inspiración en el proyecto de Rousseau de reconectarnos con una dimensión original y más profunda de nosotros mismos.

Precursores interesantes de nuestra práctica de filosofar en unión junto con otros se encuentran entre los filósofos románticos alemanes, especialmente Novalis (1772-1801) y Friedrich Schlegel (1772-1829). A menudo practicaban la escritura con otros: Cada pensador escribía sus propios fragmentos, y cuando los fragmentos de diferentes escritores se unían, el resultado era una red de ideas que trascendía a cualquier autor individual. Llamaron a esta práctica "Sinfilosofía", que recuerda a nuestra práctica de resonar unos con otros mientras filosofamos en unión. Estos románticos también son relevantes para Filosofía Profunda en otro aspecto, a saber, la profunda conexión que veían entre el pensamiento filosófico y el pensamiento poético. En consonancia con su enfoque, muchas de nuestras prácticas contemplativas se basan en la constatación de que cuando formulamos nuestras ideas filosóficas de forma poética, el resultado es una forma diferente de pensamiento que es profunda e inspirada.

Otro filósofo poético de una época ligeramente posterior es Ralph Waldo Emerson (1803-1882), líder del movimiento trascendentalista estadounidense. Para nosotros es especialmente relevante su idea del Súper-alma, una fuente de revelaciones creativas y de inspiración que trasciende nuestro ser individual normal. En Filosofía Profunda compartimos con Emerson la tarea de abrirnos interiormente a esta fuente de sabiduría, o lo que llamamos "profundidad interior", que está más allá de nuestras estructuras psicológicas normales y que nos inspira con comprensiones profundas.

Las filosofías existencialistas tienen varios temas en común con Filosofía Profunda, especialmente la conexión que ven entre la filosofía y la vida concreta del individuo. Para Søren Kierkegaard (1813-1855), padre del Existencialismo, los asuntos de la vida filosófica no pueden separarse de la vida "subjetiva" del individuo. Las teorías y las verdades objetivas le interesan poco, porque la verdad es una cuestión de pasión personal, compromiso y elección, y éstas requieren autoconciencia, autenticidad y seriedad. En Filosofía Profunda compartimos la opinión de Kierkegaard de que la auténtica filosofía debe surgir de la relación personal con la vida, más que del pensamiento abstracto.

Karl Jaspers (1883-1969), filósofo existencialista y psiquiatra alemán, explica que nuestro pensamiento objetiviza el mundo y, por tanto, es ciego a la realidad fundamental que es más primordial que los objetos y la objetivación, un ámbito que él llama "lo abarcador" (también traducido como "lo comprensivo") porque abarca tanto al sujeto como al objeto. Para él, los grandes textos filosóficos pueden actuar como "cifras" que nos orientan hacia esta realidad originaria, aunque nunca podamos captarla en nuestros pensamientos.

El pensador germano-estadounidense Paul Tillich (1886-1965) expresa un punto de vista similar y sostiene que las ideas pueden funcionar como "símbolos" que nos llevan más allá de ellas mismas hacia dimensiones de la realidad a las que no se puede acceder directamente. En Filosofía Profunda compartimos con Jaspers y Tillich la idea de que las ideas filosóficas pueden servir no sólo como teorías sobre el mundo objetivo, sino también como indicadores que nos dirigen más allá de las descripciones objetivas hacia una realidad fundamental.

En una forma un tanto similar, el filósofo existencialista francés Gabriel Marcel (1889-1963) sostiene que una dimensión central de la vida humana es un "misterio", en el sentido de que no puede captarse desde la perspectiva de un observador objetivo. Sólo podemos apreciar estas dimensiones participando en ellas y viviéndolas auténticamente, pero no teorizando sobre ellas. Al igual que Marcel, en Filosofía Profunda buscamos relacionarnos con la dimensión personal de nuestro ser a la que no se puede acceder sólo con el pensamiento intelectual.

Por fuera del existencialismo, el filósofo francés Henri Bergson (1859-1941) sostiene que si examinamos detenidamente nuestra vida mental interior, nos daremos cuenta de que es un flujo holístico que no puede analizarse en elementos separados ni plasmarse en descripciones. Al igual que una sinfonía, que es más que la suma de los sonidos individuales, las capas más profundas de nuestra conciencia son un flujo de cualidades holísticas siempre novedosas que se interpenetran entre sí y no pueden descomponerse en partes. Sin embargo, somos capaces de apreciar nuestras experiencias profundas con otra facultad: Nuestra intuición.

También en Filosofía Profunda buscamos apreciar los aspectos profundos de nuestra vida interior de una manera no analítica y no descriptiva, sólo que nuestro método principal es la contemplación.

Para Martin Buber (1878-1965), filósofo judío austriaco-israelí, la realidad humana está constituida por nuestras relaciones con los demás, no por nuestras individualidades separadas. Fundamentalmente somos siempre personas-en-relación, de modo que en nuestra auténtica forma de ser estamos en unión con los demás, con la naturaleza, con Dios e incluso con las voces de los pensadores muertos. También en Filosofía Profunda encontramos algo significativo en el poder de la unión, y lo implementamos en nuestra práctica de resonar en unión con nuestros compañeros y con los pensadores históricos.

La filosofía de María Zambrano (1904-1991), pensadora poética española, se centra en aquellos aspectos de nuestra vida mental que surgen de regiones más allá de la razón: de los sueños, los ensueños, el delirio, el pensamiento poético. Para apreciar esas facetas no racionales de nuestro mundo necesitamos cultivar un espacio interior especial, o un "claro en el bosque", a través del cual podamos recibir comprensiones inesperadas sobre las profundas capas ocultas de nuestra realidad. Como ella, en Filosofía Profunda reconocemos la limitación del análisis racional y la necesidad de ir más allá.

Se pueden añadir otros filósofos a la lista, pero la conclusión es clara: Filosofía Profunda no es un invento totalmente nuevo, ni es ajena al espíritu de la filosofía tradicional. Tiene profundas raíces en la historia del pensamiento occidental.

Parte C

PILARES DE FILOSOFÍA PROFUNDA

La práctica de Filosofía Profunda está enmarcada en un cuerpo de ideas teóricas que no son fáciles de resumir en una teoría unitaria. Como muchas actividades, Filosofía Profunda creció a partir de una variedad de diferentes comprensiones profundas, experiencias personales y visiones, y el resultado es una red de ideas que se entretejen entre sí de maneras complejas. Sin embargo, en ella, muchos principios centrales pueden ser identificados y formulados claramente. Estos son los que llamamos "Los Pilares de Filosofía Profunda".

Capítulo 8

RESUMEN DE LOS SIETE PILARES DE FILOSOFÍA PROFUNDA

Los siete pilares de Filosofía Profunda giran alrededor de siete conceptos: Anhelo de realidad, Profundidad interior, Filosofía, Contemplación, Resonar en Unión, Voces de la Realidad, y Transformación.

Pilar 1: Anhelo de realidad
Encontramos el primer pilar cuando experimentamos un anhelo por la verdad, por la realidad última, por el fundamento de la existencia, o (ya que estas palabras han sido usadas en exceso) por lo que llamamos "realidad". Cuando tenemos un anhelo de realidad no buscamos experiencias placenteras ni felicidad para nosotros mismos, tampoco queremos satisfacer nuestra curiosidad intelectual. Un anhelo es más parecido al amor que al deseo de satisfacción: Como un amante que adora a su amado —¡no a sus propias experiencias placenteras!— y su corazón "sale" hacia su amado, así también, cuando anhelamos realidad, buscamos movernos más allá de nuestro propio interés hacia lo que es precioso, real, fundamental. Anhelar, como el amor, es un acto de devoción, un ir más allá de uno mismo.

Filosofía Profunda nace de este anhelo. Sin este anhelo, únicamente con un deseo de experiencias satisfactorias, no puede haber Filosofía Profunda.

Pilar 2: Profundidad interior

Nuestra aprehensión de realidad ocurre en ciertos estados mentales especiales que son fundamentalmente diferentes de nuestros momentos cotidianos (aunque la distinción no sea precisa y pueda ser una cuestión de grados y de matices). Estos estados mentales tienen una cualidad especial de unidad interior, presencia intensa y plenitud. Cuando los experimentamos, sentimos que todo nuestro ser está presente, no sólo un pensamiento o sentimiento aislado, y que tienen lugar en una dimensión interior que está más allá de nuestro yo habitual. Frecuentemente están acompañados por una aprehensión de preciosidad, plenitud y realidad. En comparación, los momentos ordinarios son fragmentados, semiconscientes y sin brillo.

Por ende, estas experiencias son especiales no solamente por el *qué* experimentamos, sino por el *cómo* experimentamos, o para decirlo diferente, en "dónde" dentro de nosotros tiene lugar la experiencia, o qué dimensión de nuestro ser la está experimentando. En Filosofía Profunda llamamos a esta dimensión interior, que es despertada sólo en tales momentos especiales, "profundidad interior".

La distinción entre estados mentales superficiales y profundos, incluso si no es precisa, tiene implicaciones importantes para Filosofía Profunda, porque significa que en nuestra búsqueda de realidad debemos transformar nuestros estados mentales ordinarios. Éstos no son suficientes, y para practicar Filosofía Profunda debemos cambiarlos con ayuda de ejercicios contemplativos especiales.

Pilar 3: Filosofía

Es posible que haya muchas maneras diferentes de alcanzar esta aprehensión de realidad que estamos buscando, entre ellas pueden estar tipos especiales de poesía, música y rituales religiosos. Pero nuestra manera es filosófica, porque nuestra meta no es solamente experimentar sino comprender; no es sólo disfrutar imágenes y sentimientos, sino comprender aspectos fundamentales de la vida y del mundo. Es por esto que trabajamos con ideas filosóficas, porque ellas tratan con la realidad fundamental. Sin el intento de comprender la realidad de manera filosófica, una práctica no es Filosofía Profunda; sin importar lo valiosa que pueda ser.

Para cultivar nuestros entendimientos filosóficos, debemos hablar y pensar en el lenguaje de la realidad fundamental. Dicho lenguaje no puede estar limitado a objetos, personas, hechos o eventos específicos, como ocurre en los periódicos, libros de historia o artículos científicos. El lenguaje de la realidad fundamental consiste en ideas fundamentales antes de que ellas hayan sido restringidas a objetos específicos, y este es el lenguaje al que la filosofía tradicional aspira.

Combinando todo esto con los dos pilares previos, podemos decir que Filosofía Profunda es una exploración filosófica de ideas fundamentales, la cual emplea el pensamiento desde nuestra profundidad interior.

Pilar 4: Contemplación

El pensamiento discursivo —la manera normal y cotidiana en que pensamos— no es adecuada para nuestra búsqueda filosófica de realidad. Lo que caracteriza a este tipo de pensamiento es la estructura de pensar-sobre: Yo pienso "sobre" algún objeto de pensamiento, sea real o imaginario; material o abstracto; presente, pasado o esperado. Metafóricamente, coloco ante mi mente un objeto de pensamiento y lo inspecciono desde afuera. Así me separo de la realidad en cuestión, la convierto en un objeto para mí, y me convierto en un observador externo, remoto y no involucrado. Esto no puede ponerme en contacto íntimo con lo real de esa realidad, que es la meta de Filosofía Profunda. Para evitar el modo discursivo de pensar (o "pensar-sobre"), en Filosofía Profunda adoptamos un modo diferente de pensamiento, llamado contemplación. En la contemplación buscamos hacer que la realidad esté presente dentro de nosotros, en vez de tratar de pensar "sobre" ella. Nosotros "encarnamos" la realidad en nosotros, tal y como, por analogía, podemos encarnar en nosotros el amor o la felicidad en lugar de pensar sobre ellos.

Para hacer eso, debemos pensar desde una dimensión de nuestro ser que yace más allá de nuestros mecanismos psicológicos ordinarios de "pensar-sobre", es decir, desde nuestra profundidad interior. Contemplar es, por lo tanto, pensar desde nuestra profundidad interior, haciendo así que la realidad en cuestión esté presente dentro de nosotros.

La contemplación no es fácil de practicar, ya que va en contra de nuestra tendencia automática a pensar-sobre. Es por eso que usamos técnicas contemplativas especiales, para apartar nuestros patrones normales de pensamiento y hacer surgir el pensamiento contemplativo en su lugar.

Pilar 5: Resonar en Unión

Tradicionalmente, la tarea principal de los filósofos ha sido componer teorías sobre la realidad. Como resultado, la comunicación entre filósofos ha sido en gran medida un debate sobre cuáles ideas (o teorías) son aceptables o inaceptables, verdaderas o falsas.

Este tipo de discurso no es adecuado para Filosofía Profunda, ya que expresa una forma intelectual de pensar-sobre. En Filosofía Profunda usamos una forma diferente de comunicación: Resonar. Cuando resonamos no hacemos ninguna afirmación sobre qué ideas son verdaderas o falsas, y no juzgamos o evaluamos las palabras de los otros. En cambio, escuchamos los significados que otros expresan y "resonamos" con ellos, respondiéndoles con nuestros propios significados.

Resonar es análogo a la manera en que los músicos de jazz improvisan juntos. El saxofón no toca *sobre* lo que el piano ha tocado, y la trompeta no está de acuerdo o en desacuerdo con el bajo. En cambio, ellos se reconocen unos a otros al resonar con las frases musicales de los otros, complementándose y respondiéndose entre sí, creando juntos una rica música.

Se puede resonar desde el estado mental de profundidad interior, pero no únicamente de esta manera. También podemos resonar con los otros en un estado de broma o juego, por ejemplo. Pero cuando resonamos desde nuestra profundidad interior, un nuevo tipo de relación se forma entre nosotros: Ahora hablamos desde más allá de nuestro ser habitual, desde una polifonía de significados que nos es común y nos envuelve a todos. Esta relación se llama *unión*.

Estar en profundidad interior es un estado mental, resonar es una forma de comunicación, y la unión es un tipo de relación. Aunque las tres no son lo mismo, están íntimamente conectadas.

Pilar 6: Voces de la realidad

Cuando contemplamos un texto filosófico, nuestro propósito no es solamente entender lo que dice. Si este fuera nuestro propósito, una discusión intelectual habría sido suficiente. Contemplamos ideas filosóficas porque por medio de ellas vamos más allá de ellas, apreciando significados profundos que aparecen en nuestra profundidad interior. En este sentido, las ideas filosóficas sirven como puertas a lo profundo.

Las "Ideas" no son lo mismo que los "significados". Las ideas, en el sentido normal del término, son elementos discursivos, es decir contenidos de nuestra mente que usamos para explicar, teorizar, discutir, y que podemos transmitir unos a otros. Como tales, son parte de la estructura del pensar-sobre. En contraste, los significados profundos no son cosas en nuestra mente y no son "sobre" nada. Son la realidad misma —o más precisamente, aspectos o cualidades de la realidad— antes de que haya sido estructurada como objetos de nuestro pensamiento. Son más primordiales que la estructura sujeto-objeto de la mente.

Para relacionarnos con estos significados fundamentales, los dejamos manifestarse dentro de nosotros. Y cuando hacemos esto, ya no estamos pensando sobre la realidad y sus significados desde afuera, sino que los estamos atestiguando íntimamente con nosotros. Llamamos "voces de la realidad" a estos significados fundamentales; o, para reconocer nuestra limitada perspectiva humana, "voces de la realidad humana".

La aprehensión de realidad, de presencia, de preciosidad y de plenitud del contemplador, testimonia nuestra íntima conexión con esas voces de la realidad.

Pilar 7: Transformación

Nuestra aprehensión de realidad y preciosidad durante la contemplación, y nuestra aprehensión de pensar y hablar desde nuestra profundidad interior, indican que algo significativo se está transformando dentro de nosotros. En momentos de contemplación profunda ya no soy un pensador inspeccionando objetos de pensamiento desde afuera; estoy inmerso en un espacio donde me envuelven significados fundamentales. Por supuesto, no pierdo mi yo completamente en este espacio alterno; no olvido que estoy sentado en una silla con un libro en mis manos. Sin embargo, en cierto nivel de mi conciencia, en cierta dimensión de mi ser, entro a un reino de significados fundamentales. Ahora soy una ola en el océano, encarnando sus movimientos dentro de mí. En este sentido, durante la contemplación, cierto aspecto de nuestro ser es transformado. No obstante, esta poderosa experiencia normalmente no dura mucho. Una vez que dejamos de contemplar, volvemos a nuestro estado mental normal. Sin embargo, nuestra profundidad interior no desaparece completamente. Incluso cuando ya no la experimentemos fuertemente, puede que continúe en el fondo de nuestra mente.

Practicar la contemplación de manera regular nos ayuda a mantener despierta nuestra profundidad interior incluso más allá de la sesión, al menos en cierta medida. Entre más pensamos, sentimos y actuamos desde nuestra profundidad interior; menos lo hacemos desde nuestros patrones psicológicos automáticos. Aunque la práctica de la contemplación probablemente no reemplazará por completo nuestra personalidad por una nueva e iluminada, puede, sin embargo, cultivar una dimensión adicional de nuestra vida interior.

Capítulo 9

REFLEXIONES SOBRE LOS PILARES DE FILOSOFÍA PROFUNDA

1. Más allá de la lejanía
(Reflexión sobre el Pilar 1: Anhelo de Realidad)
Nuestro mundo cotidiano es lejano. Percibo a las personas y a los objetos que me rodean a una distancia física de mí. Siempre los percibo "ahí fuera", situados fuera de mi cuerpo y de mis órganos sensoriales. Puedo pensar sobre ellos, puedo ver su forma o escuchar su sonido o sentir su textura, pero siempre estoy separado de ellos. Estoy alejado incluso de mí mismo; cada vez que pienso en mí, mis pensamientos sobre mí me convierten en un objeto de pensamiento.

Así vivimos en el modo de la lejanía. Como resultado, sentimos la falta de brillo de la vida cotidiana, su indiferencia alienada, su objetividad lejana. "Hechos", "objetos", "cosas"; estas palabras se refieren a esta lejanía.

Normalmente damos por sentada esta lejanía. ¿Qué otra cosa podríamos esperar? Sin embargo, anhelamos superar esta lejanía y lograr una mayor aprehensión de realidad. En respuesta, a veces buscamos experiencias de excitación o pasión, intentamos fusionarnos con ideologías y movimientos sociales, pero éstas no son respuestas verdaderas a la falta de realidad. Nos ofrecen la "emoción" de los sentimientos o las experiencias, pero no verdadera realidad. Lo que ansiamos es una forma radicalmente diferente de estar en el mundo, una que no sea distante.

De hecho, en momentos especiales —en la naturaleza, en unión con otra persona, en la contemplación, en las experiencias espirituales— a veces sentimos la poderosa presencia de una realidad maravillosa, o al menos un bocado de ella. Luego podemos describirlos de una manera peculiar: "Me sentí profundamente conmovido", "Lo sentí en lo más profundo de mí", "Me invadió una sensación de presencia", "Me abrí completamente al mundo". Tales expresiones sugieren que nuestro sentido de separación se disolvió por unos momentos. Lo que presenciamos no fue un "algo" lejano fuera de nosotros, no fue un objeto de pensamiento o percepción en la distancia, sino el realismo de la realidad en nuestro propio e íntimo ser. Fue como si la distinción entre el interior y el exterior empezara a fundirse.

Esta aprehensión de realidad no es, por supuesto, un descubrimiento nuevo. En los escritos de místicos y poetas a lo largo de la historia, así como de pensadores espirituales de prácticamente todas las tradiciones religiosas, encontramos informes de tales experiencias de maravillosa realidad, así como el anhelo por ellas. En Filosofía Profunda compartimos este anhelo, aunque no en nombre de la fe religiosa o de la belleza poética, sino porque queremos superar nuestra separación y opaca irrealidad, y participar en la realidad tan plenamente como sea humanamente posible.

2. Comprensión por encarnación.
(Reflexión sobre el Pilar 2: Profundidad interior)
La aprehensión de intensa realidad que experimentamos en los momentos de contemplación filosófica no es un mero sentimiento. También involucra una comprensión que viene a nosotros desde el texto filosófico que estamos contemplando.

No es un tipo de comprensión ordinaria. No se trata de la habitual "comprensión-sobre", propia de un pensamiento sobre algún tema, sino de una oleada de significados que me envuelven y me llenan en su realidad. Como una ola en un océano, encarno dentro de mí los movimientos del océano de significados. Una ola no "mira a" o "piensa sobre" el océano desde la distancia; sino que discierne su movimiento dentro de sí misma. Se trata de una comprensión por encarnación, no por representación.

Ese es el tipo de comprensión que buscamos en la contemplación. Al dejar de lado nuestro yo psicológico, abrimos un espacio interior en el que los significados pueden manifestarse en toda su realidad. Entonces somos testigos de los significados del texto en una dimensión de nosotros mismos que trasciende nuestras estructuras normales de pensamiento.

Llamamos a esta dimensión nuestra "profundidad interior". La metáfora de la "profundidad" proviene de la imagen de una fuente o raíz subterránea oculta. Como una fuente de agua que emerge de la profundidad de la tierra, y como la raíz subterránea de un árbol que da origen al árbol visible, nuestra profundidad interior es la dimensión oculta de nuestro ser que está en la base de nuestra comprensión. Es más primordial que nuestros mecanismos psicológicos de pensar-sobre, en donde nuestra realidad se escinde en sujeto y objeto.

3a. Las ideas filosóficas como puertas al fundamento
(Reflexión sobre el Pilar 3: Filosofía)

En el sentido más amplio de "contemplación de textos", uno puede contemplar cualquier tipo de texto, incluso un libro de historia, una novela romántica o una columna de periódico. Si la contemplación significa simplemente leer un texto en silencio y escucharlo interiormente, entonces no es necesario que el texto sea profundo o filosófico. Sin embargo, hay algo especial en los textos filosóficos que lleva la contemplación a un nivel totalmente diferente. Y aquí la contemplación significa algo mucho más específico.

La filosofía trabaja con ideas generales: la idea general de amistad (no sólo la amistad particular de María), la idea de libertad (no el acto libre de Juan en el día de ayer), etc. Por el contrario, un libro de historia o un artículo de periódico trata de cosas y acontecimientos particulares: una persona o familia determinada, una nación concreta, un lugar geográfico, una guerra histórica o una protesta callejera. Además, las ideas filosóficas son ideas fundamentales, en el sentido de que se refieren al fundamento de nuestro mundo.

En cierto sentido, las ideas generales o fundamentales pueden encontrarse no sólo en los textos filosóficos, sino incluso en eslóganes populares o en canciones de amor ("El amor es todo lo que necesitas", por ejemplo, significando que el amor es una necesidad humana básica). Pero aquí hay una gran diferencia. La filosofía siempre trabaja con algo más que una sola afirmación aislada. Trata de componer una rica red de ideas que exprese una perspectiva compleja sobre la vida o la realidad, es decir, una visión del mundo. De hecho, una vez que se enriquece un eslogan popular con una compleja red de ideas, el resultado puede ser una filosofía.

En resumen, la filosofía trabaja con redes de ideas generales de aspectos fundamentales de la realidad. Contemplar un texto filosófico, por tanto, equivale a "entrar" en una visión del mundo formada por ideas generales y fundamentales. Podemos incluso decir "entrar en un mundo", porque cuando contemplo realmente un texto, no *pienso sobre* él como cuando lo analizo intelectualmente, sino que dejo que los significados fundamentales del texto me envuelvan como un mundo. Me introduzco en él de modo similar a como entro en el mundo de una novela, o de una película, o de un juego. En este sentido, las teorías filosóficas sirven como puertas a través de las cuales los contempladores pueden entrar en el ámbito del fundamento de la realidad humana; siempre que no piensen en ella intelectualmente, sino que la contemplen desde dentro.

3b. Filosofar más allá de las teorías
(Reflexión sobre el Pilar 3: Filosofía)

Filosofía Profunda tiene sus raíces en la tradición histórica de la filosofía occidental y comparte con ella sus características centrales. En primer lugar, como prácticamente todos los filósofos del pasado, los practicantes de Filosofía Profunda abordamos cuestiones fundamentales de la vida y la realidad. En segundo lugar, como todos los filósofos históricos, trabajamos sobre redes de ideas para arrojar luz sobre estas cuestiones fundamentales. En tercer lugar, al igual que ellos, empleamos principalmente los poderes de la mente; en contraposición a la fe ciega, por un lado, y las observaciones empíricas (científicas), por otro. Naturalmente, los filósofos históricos utilizaron una variedad más amplia de poderes de la mente: análisis lógico, sentido común, intuición, introspección, etc., mientras que nosotros sólo utilizamos algunos de ellos, concretamente el pensamiento contemplativo. Por último, al igual que ellos, desarrollamos nuestras ideas en diálogo con los filósofos anteriores.

Estas cuatro características se aplican a prácticamente todos los filósofos de la historia de la filosofía occidental. Los pensadores que se apartan de ellas no se consideran filósofos y no forman parte de la tradición filosófica. Dado que Filosofía Profunda comparte estas características, es, en este sentido, parte de esa tradición histórica.

Sin embargo, en otros aspectos, nuestra práctica como Filósofos Profundos es diferente de la filosofía dominante: Mientras que prácticamente todos los filósofos del pasado trabajaban para construir teorías que transmitieran verdades sobre la realidad, para nosotros las teorías no son importantes como expresión de verdades. Nos interesan mucho los escritos filosóficos, pero no su aspiración a representar con exactitud la realidad. Apreciamos los textos que son profundos, pero no necesariamente su pretensión de verdad; los textos que nos ponen en contacto con el fundamento, no los que nos proporcionan descripciones abstractas del mismo. Las teorías (o redes de ideas) son para nosotros un paso intermedio en el camino hacia la verdadera meta, a saber, tomar parte en el océano de la realidad.

3c. Significados oposición a ideas
(Reflexión sobre el Pilar 3: Filosofía)

Si buscamos realidad, ¿por qué contemplamos ideas filosóficas? Las ideas filosóficas parecen abstractas y lejanas, así que ¿cómo pueden acercarnos a la realidad viva?

Aquí debemos distinguir entre *ideas* filosóficas y *significados*. Las ideas ciertamente son lejanas porque son "cosas en nuestra mente"; elementos conceptuales que manipulamos en nuestro pensamiento, registramos por escrito y transferimos de una persona a otra. Uno puede distinguir entre diferentes tipos de ideas —conceptos (como el concepto de "caballo" o de "justicia"), afirmaciones (como "El sol está brillando"), explicaciones, teorías, etc.—, pero todas tienen algo importante en común: Son elementos abstractos en nuestra mente que significan (representan, se refieren a) el mundo exterior. La distancia entre las ideas y lo que significan quiere decir que su capacidad para conectarnos con la realidad es muy limitada. Mientras pensemos con ideas, nuestros pensamientos son "sobre" la realidad y se relacionan con ella desde la distancia. Por esta razón, las ideas filosóficas no nos interesan en sí mismas. Sólo nos interesan en la medida en que podamos trascenderlas.

Esto es lo que hacemos en Filosofía Profunda. Utilizamos las ideas filosóficas para ir más allá de las ideas. A través de esas ideas vamos al fundamento que les da origen, es decir, la realidad humana. Pero por "realidad humana" no nos referimos a objetos materiales como piedras y árboles y moléculas, sino a los significados fundamentales (o cualidades) antes de que nuestra mente los objetivice en objetos de pensamiento.

En las sesiones de contemplación experimentamos la diferencia entre ideas y significados: A menudo tenemos una fuerte presencia de significado, pero somos incapaces de traducirla en ideas definidas. La sentimos como algo más primordial que nuestros conceptos, como algo que trasciende nuestras unidades lingüísticas y conceptuales.

La contemplación filosófica encarna en nuestra mente esta realidad fundamental apenas descriptible (en el sentido de los significados fundamentales que la componen). Esto no debería ser demasiado sorprendente. La realidad, al fin y al cabo, ya está en nosotros, formamos parte de ella como una ola en el océano, y puede surgir en nosotros como los movimientos del océano surgen en una ola. La contemplación puede evocar en nosotros no sólo una representación del movimiento original, sino el movimiento original en sí mismo.

Para utilizar otra metáfora, la contemplación filosófica puede hacer que la realidad "hable" en nosotros con sus voces originales. A diferencia de las ideas, los significados fundamentales no son abstracciones, sino la propia realidad "hablando" en nosotros. Sólo se convierten en abstracciones cuando los convertimos en ideas sobre algo, en un concepto o una teoría, por ejemplo. Pero los significados en sí mismos — los significados antes de que empecemos a pensar en ellos y a objetivizarlos— son los "sonidos" que componen la "música" de nuestras vidas.

Por eso trabajamos con ideas filosóficas, y por eso utilizamos textos que son filosóficos. La filosofía es un discurso de ideas fundamentales, y esas ideas pueden manifestar en nosotros significados fundamentales; si tan sólo aprendemos a prestarles atención.

4a. La contemplación como auto-trascendencia
(Reflexión sobre el Pilar 4: Contemplación)

Contemplamos porque aspiramos superar las limitaciones de nuestros patrones ordinarios de pensamiento, que tienen la estructura de pensar-sobre: Nuestro pensamiento selecciona un objeto-de-pensamiento específico (una persona, un acontecimiento, una idea, o cualquier cosa sobre lo que sea el pensamiento), lo aísla del resto del mundo, y afirma algo sobre él; por ejemplo, "Este árbol es alto", o "El amor es una emoción intensa".

Esta forma de pensar es útil cuando tratamos con objetos específicos de nuestro mundo, pero es inapropiada cuando queremos relacionarnos con el ámbito más profundo de los significados primordiales. Ya que ve la realidad a través de la lente de elementos objetivizados, no puede tratar con la realidad antes de que haya sido objetivizada, antes de que haya sido moldeada por nuestras estructuras psicológicas y convertida en objetos de pensamiento.

El rol de la contemplación consiste en permitirnos trascender esas estructuras. La experiencia nos dice que cuando contemplamos ya no pensamos con nuestra psicología objetivizante habitual, y que es otra dimensión de nuestro ser la que está pensando. No es necesario especular sobre qué es esa dimensión, pero podemos constatar que existe: En efecto, somos capaces de pensar desde una dimensión pre-objetiva y primordial de nosotros mismos, o lo que llamamos nuestra profundidad interior.

El problema es que esto no es fácil de hacer. No podemos activar nuestra profundidad a voluntad, ya que no se rige por los mecanismos psicológicos del yo. Para contemplar debemos apartar nuestro yo psicológico, obligarlo a ceder el control, y esperar a que nuestra profundidad interior hable.

Pero incluso esto no es fácil de hacer. No podemos evitar nuestros patrones de pensamiento normales —nuestro "piloto automático"— sólo por querer evitarlo. Necesitamos técnicas que nos ayuden. Como contempladores, utilizamos una variedad de métodos contemplativos para suprimir nuestros patrones de pensamiento psicológico ordinarios y abrir en su lugar un "claro" —un espacio interior de atención silenciosa— que está relativamente libre de nuestra actividad psicológica normal.

El resultado es una forma de pensamiento muy diferente que surge de una *fuente* más primordial dentro de nosotros y que produce significados mucho más profundos que los conceptos e ideas basados en nuestra psicología. Aunque estos significados no son tan nítidos y bien definidos como los objetos del pensamiento, no se limitan a los patrones discursivos del pensamiento. Por eso, en la contemplación a menudo nos experimentamos percibiendo significados que no podemos describir, siendo inundados por comprensiones profundas de intensidad y realidad que los objetos del pensamiento no pueden darnos, o expandiéndonos más allá de nuestros límites familiares.

4b. El poder de la contemplación
(Reflexión sobre el Pilar 4: Contemplación)

La contemplación de textos tiene un poder especial para hacer que los significados profundos se nos hagan intensamente presentes. Este poder se debe no sólo al *qué* contemplamos sino principalmente a *cómo* lo hacemos, es decir, no sólo al contenido filosófico en sí mismo sino principalmente al estado mental con el que nos relacionamos con él. El pensamiento intelectual tiene un poder limitado para cambiarnos porque sólo nos da objetos de pensamiento y nos deja inalterados. La contemplación, en cambio, nos impacta porque cambia también el acto de pensar y la mente misma.

Cuando contemplo un texto filosófico, lo que se me presenta no son objetos de pensamiento como ideas o conceptos, sino significados pre-objetivados que no están ni en el objeto ni en el sujeto. Llenan por completo mi espacio interior, sin aparecer como subjetivos u objetivos, y rebosan de realidad. Estos significados, en efecto, son aspectos de la realidad; no pensamientos sobre la realidad ni representaciones de la realidad, sino la propia realidad encarnada en mí, significados reales en su propia realidad.

Como una metáfora útil, puedo imaginarme como una ola en el océano de los significados fundamentales. Los movimientos del agua del océano están en la ola que soy yo. Al igual que no hay distancia alguna entre la ola y el agua del océano, no hay distancia entre mi yo y los significados de la realidad. Yo estoy en esos significados fundamentales y ellos están en mí. Yo *soy* el agua de los significados fundamentales y el agua soy yo.

Desde la perspectiva de esta metáfora, cuando contemplamos ideas filosóficas nos adentramos en un océano de significados. En otras palabras, entramos en una realidad alterna, diferente de nuestro mundo ordinario de cosas materiales.

Aquí utilizamos una notable capacidad humana: La de entrar en realidades alternas. Cuando vemos una película o leemos una novela, entramos en un mundo imaginario y lo experimentamos desde dentro como si estuviéramos en él. Mientras seguimos a los personajes y la trama, nos sentimos asustados o aliviados, esperanzados o decepcionados, como si los acontecimientos nos estuvieran ocurriendo a nosotros o a nuestro alrededor. Sin embargo, es importante resaltar que no nos perdamos completamente en este mundo alterno. No confundimos los personajes de la pantalla con la persona que está sentada a nuestro lado. Una perturbación inesperada puede sacarnos fácilmente de esta realidad alterna. Evidentemente, en el fondo de nuestra mente sabemos que es sólo una película o una novela.

También en la contemplación filosófica entramos en un mundo alternativo, pero con una importante diferencia: No se trata de un mundo de objetos como personas, piedras y flores, sino de algo completamente diferente; de significados fundamentales pre-objetivos. Ahora nos encontramos en un orden de mundo totalmente diferente, que reconfigura las dimensiones básicas de nuestra propia existencia.

Pero no todos los textos filosóficos lo consiguen. Si el texto retrata un mundo hecho de cosas, entonces te dejará en un mundo de cosas, y te dejará como observador de esas cosas. No puede ocurrir mucho si contemplas ese texto. Pero si el texto es profundo, si apunta a un reino de significados fundamentales que no pueden ser objetivados, entonces te dará forma a ti y a tu relación con el mundo. Una vez que te adentras en él con la ayuda de la contemplación, no serás la misma persona, al menos mientras dure la sesión. Ahora serás una ola en el océano, y la realidad del océano estará encarnada en ti. Estarás en él al igual que el océano estará en ti, envuelto por una sensación de realidad y plenitud.

Por supuesto, como en el caso de ver una película o leer un libro, no estarás completamente perdido en esa realidad alternativa. En el fondo de tu mente serás consciente del mundo ordinario de los objetos que te rodean, y de ti mismo como una persona que lee un texto. Pero una parte de ti estará contemplando, y en ese nivel serás transformado.

5a. La metáfora auditiva
(Reflexión sobre el Pilar 5: Resonar)
Los filósofos de la tradición dominante investigan aspectos fundamentales de la realidad intentando construir teorías sobre ellos. El uso de teorías-sobre se basa en la metáfora visual de "mirar" y "ver". Imaginamos la realidad como una especie de paisaje que se extiende frente a nosotros, y una teoría como un mapa o imagen que representa este paisaje. La finalidad de la teoría es corresponder a esa realidad, del mismo modo que el mapa de una ciudad representa las calles de la misma, o del mismo modo que la fotografía de un rostro se corresponde con el rostro. Cuando seguimos esta metáfora visual y tratamos de representar la realidad en nuestros

pensamientos o palabras, estamos, en efecto, relacionándonos con ella desde la perspectiva de un espectador externo. Pero la metáfora visual no es nuestra única forma de relacionarnos con la realidad. Una metáfora alternativa es la de "oír" o "escuchar". La audición no involucra una relación imagen-objeto, porque el sonido que oigo no se parece al objeto que emite el sonido, y los detalles del primero no se corresponden con los del segundo. Si oigo un silbido, por ejemplo, puede que ni siquiera sepa si procede de un pájaro, de una persona o de una máquina.

Además, la escucha no es una relación completamente externa. Al escuchar, experimento un sonido que entra a mí desde el exterior y que resuena en mi mente. De hecho, si quiero escucharlo con atención, puedo cerrar los ojos y atender a *mi interior*. El objeto externo que produce el sonido está oculto a mi oído.

"Escuchar" es, por tanto, una metáfora más adecuada para describir cómo nos relacionamos con las ideas y los significados en la contemplación filosófica, aunque, como todas las metáforas, tiene sus limitaciones. Al igual que escuchamos un sonido, en la contemplación "escuchamos" las ideas como si llegaran a nosotros desde algún lugar y ahora estuvieran presentes en nuestro interior. Entonces las sentimos llenando nuestra mente, dándonos la presencia interior que los contempladores solemos experimentar. "Escuchar" las ideas es una actitud interior muy diferente a la de "mirar" las ideas.

Si seguimos la metáfora auditiva, entonces en la contemplación las ideas son análogas a los sonidos. Pero los "sonidos" que escuchamos en la contemplación filosófica no son ruidos vacíos; sino que también tienen un significado y una estructura interna. Por lo tanto, podemos llamarlos voces. Contemplar un texto filosófico es análogo a escuchar "voces". La metáfora de las voces nos permite distinguir entre dos elementos: primero, los sonidos; segundo, los significados expresados a través de esos sonidos. Al escuchar las ideas ("sonidos") del texto, estamos escuchando los significados que esos sonidos transmiten. Y al igual cuando escuchamos un discurso escuchamos los significados expresados "a través" de los sonidos, del mismo modo en la contemplación escuchamos los significados fundamentales "a través" de las ideas teóricas que las revisten.

Otra ventaja de la metáfora de las voces es que permite expresar la experiencia contemplativa de las ideas que resuenan o "hablan" *dentro* de nosotros. Una afirmación análoga en el lenguaje visual del ver (las ideas "ven dentro de nosotros") no tiene sentido. De hecho, la metáfora auditiva implica que la distinción entre dentro y fuera de mí es borrosa: Al igual que los sonidos que experimentamos como algo que ocurre fuera de nosotros, pero que resuena en nuestro interior; las ideas en la contemplación se experimentan como si estuvieran en el texto, pero también como si resonaran en nuestra mente.

Por último, la metáfora auditiva nos permite decir que interactuamos con los compañeros o con los textos "resonando" con ellos, lo cual es una relación entre voces. La noción de resonancia trasciende las dicotomías del pensar-sobre, aquellas del acuerdo frente al desacuerdo, de lo verdadero frente a lo falso. Estas dicotomías rigen el mundo visual de las representaciones-acerca-de, del pensar-sobre, del sujeto-objeto. En cambio, la noción auditiva de resonancia permite a los contempladores responder a cualquier voz con una gama de respuestas diferentes, más allá de una simple dicotomía de lo verdadero-falso.

5b. Dos significados de la resonancia
(Reflexión sobre el Pilar 5: Resonar)

En la contemplación conversamos con nuestro texto y con los demás de una manera especial: Resonando. La noción de resonancia tiene dos significados. En un sentido amplio, resonar es un procedimiento. En un sentido más específico, es un estado mental.

Como procedimiento, resonar significa que respondemos a las ideas de una persona o un texto hablando "junto a" ellas en lugar de "sobre" ellas. En lugar de analizarlas, evaluarlas o criticarlas, de estar de acuerdo o en desacuerdo, hablamos con los otros como dos voces en un concierto. Como los músicos de jazz que improvisan juntos, respondemos a la frase de un compañero con una frase propia, completamos las melodías del otro o las enriquecemos con armonías, desarrollamos temas musicales y creamos juntos una rica sinfonía de significados.

Pero resonar también puede significar algo interno. Como estado mental, significa que interiorizo el procedimiento de resonar y lo sigo en mi mente: Recibo las ideas en mi interior sin juzgarlas, y las dejo flotar dentro de mí sin analizarlas ni evaluarlas. En este estado, las ideas ya no son afirmaciones o teorías sobre cómo son las cosas, sino significados que flotan en mi interior e interactúan entre sí de formas complejas.

Estas interacciones crean nuevas cualidades significativas, que experimentamos como entendimientos valiosos. Al igual que la soprano y el tenor crean nuevas cualidades cuando cantan juntos, de forma análoga dos ideas significativas pueden crear nuevos significados que no existen en cada uno de ellos por separado.

La resonancia tiene poco sentido si pensamos en las ideas como enunciados-sobre. En un discurso de verdadero-y-falso, no se pueden aceptar al mismo tiempo dos afirmaciones contradictorias; por ejemplo, que el yo es una cosa pensante (Descartes) y también que el yo es una mera ficción (David Hume). Sólo una de estas dos puede ser aceptada como verdadera. Pero si las ideas son expresiones vocales de significados fundamentales, podemos aceptar ambas como dos voces en un coro polifónico de significados, y podemos abrazarlas a ambas.

Esto no significa que cualquier idea sea tan aceptable como cualquier otra. Resonar en un "concierto" de significados filosóficos no es más arbitrario que resonar en un concierto musical: No todas las combinaciones crean un resultado igualmente significativo. Su significado puede depender en parte de cómo esas "voces" particulares interactúan entre sí, y en cierta medida de las formas personales o culturales en que los contempladores las escuchan.

5c. Unión profunda
(Reflexión sobre el Pilar 5: Resonar)

En la contemplación grupal resonamos en unión. La unión está relacionada con el resonar, pero no son lo mismo. Resonar es una actividad, es algo que hacemos en ciertos momentos hablando y pensando de ciertas maneras, mientras que la unión es una relación. Podemos estar en unión incluso cuando nos sentamos en silencio y no decimos nada, o después de que la sesión haya terminado y ya no estemos en contemplación, pero seguimos bajo su influencia. La resonancia comienza en un momento determinado y termina en un momento determinado, por ejemplo, cuando interrumpo mi contemplación para encender la luz o cambiar de asiento. Pero nuestra unión no se detiene durante diez segundos sólo porque nos tomemos un descanso. Sin embargo, la actividad de resonar es muy relevante para la relación de unión: Ayuda a crearla.

En Filosofía Profunda la unión debe distinguirse de las formas comunes de estar juntos. En la vida cotidiana, a menudo nos sentimos juntos cuando disfrutamos de la compañía de los demás, como en un picnic con amigos. O un equipo deportivo puede actuar coordinadamente para lograr un objetivo común. O un equipo de planificación puede pensar y planificar en conjunto completando y desarrollando las ideas de los demás, de modo que el resultado final sea el producto de la contribución de todos.

Estas formas de estar juntos —estar juntos en el sentir, en el actuar, en el pensar— son comunes en la vida cotidiana, y aunque pueden aparecer en un grupo de Filosofía Profunda, no son especiales para él. Pero hay un tipo más profundo de unión que trasciende la actividad cotidiana y que puede llamarse "unión profunda".

En la unión profunda nos relacionamos con los demás desde nuestra profundidad interior y así vamos más allá del pensamiento individual. Juntos participamos en un reino que trasciende nuestra separación y nos envuelve. Es el reino compartido de los significados fundamentales, o las voces, que nos inspiran como grupo; o, para usar una metáfora diferente, es el océano en el que somos olas. No se trata de negar nuestra individualidad o nuestras diferencias individuales, sino de reconocer un ámbito más amplio que nos envuelve a todos y nos mueve juntos.

En el punto máximo de la contemplación, los límites entre nosotros se disuelven en cierta medida. Más concretamente, lo que se disuelve aquí no soy yo mismo —yo no desaparezco de la sesión— sino el "yo" de mis pensamientos y experiencias. La clara frontera que normalmente separa mi pensamiento de tu pensamiento empieza a disolverse, y mis experiencias ya no se distinguen claramente de las tuyas. Ahora soy una ola en un océano de significados junto a otras olas (o compañeros), ya no soy el dueño de "mis" pensamientos y experiencias, y ya no soy una mente separada que contiene ideas y sentimientos privados. Mi "yo" pierde su estatus especial como centro de mi mundo. Ya no hay "mi" profundidad interior frente a "tu" profundidad interior, sino sólo profundidad interior.

Se podría considerar que se trata de una especie de éxtasis de autotrascendencia, pero esto sólo es verdad hasta cierto punto. De hecho, esta autotrascendencia nunca es completa. Como en el caso de los espectadores de películas o lectores de novelas que entran en una realidad alternativa sólo en una parte de su mente, del mismo modo este éxtasis contemplativo suele implicar sólo una parte de nuestro ser. Mientras que una parte de mí flota en el reino de los significados fundamentales que está más allá de mi ser, en el fondo de mi mente sigo siendo un yo individual, que piensa sus propios pensamientos y se comunica con sus colegas. La unión profunda es siempre parcial.

Dentro de esta unión profunda y parcial, a menudo notamos que las ideas aparecen en nuestras mentes como por cuenta propia, resonando con el texto y entre sí como si tuvieran vida propia, hablando por sí mismas "a través" de nuestras mentes y bocas. El resultado es un flujo de voces "sin dueño"; una sinfonía sin compositor, una polifonía de significados que nos abraza a todos, una realidad que es más que la suma de las mentes separadas de los participantes. Por lo tanto, la unión profunda es muy diferente del cotidiano estar juntos. Sin embargo, esto no significa necesariamente que produzca emociones más fuertes. Las emociones, por muy valiosas que sean, forman parte del mundo de los sujetos psicológicos que trascendemos en la contemplación, y en sí mismas pueden aparecer incluso en situaciones poco profundas (jugando juntos al fútbol, por ejemplo, o sufriendo juntos en la cárcel). Lo especial de la unión profunda tiene lugar en otro nivel de nuestro ser, en el nivel de las voces o de los significados fundamentales. Si experimentamos algo especial en este estado, no son las emociones sino una aprehensión de preciosidad e incluso de sacralidad, y la realidad del gran océano al que todos pertenecemos. Estas experiencias, por muy intensas que sean, ya sean suaves o poderosas, abrumadoras o apenas perceptibles, son los movimientos de la profundidad.

6a. Significados más allá de la descripción
(Reflexión sobre el Pilar 6: Voces de la Realidad)
La contemplación nos permite trascender los límites de nuestro pensamiento ordinario. Nos permite relacionarnos con aquellos aspectos primordiales de la realidad —lo que llamamos "voces de la realidad humana" o "significados fundamentales"— que están fuera del alcance de nuestro pensamiento objetivador. Si el pensamiento objetivador intenta capturar esos aspectos en una descripción, inevitablemente les impondrá la estructura de sujeto-sobre-objeto, y así los distorsionará. La contemplación, sin embargo, nos permite apreciarlos de forma no objetivante,

revelándonos un ámbito que no está determinado por la lente sujeto-objeto. Así, el mundo de los objetos no es nuestra prisión ineludible. Esto no quiere decir que tengamos acceso a la realidad última. Como seres humanos estamos probablemente restringidos por las limitaciones de nuestra mente humana. La cuestión es, más bien, que el horizonte del entendimiento humano es más amplio que el horizonte del pensamiento objetivador. Nuestra capacidad de comprender la realidad es probablemente limitada, pero es más rica que nuestra capacidad de pensar-sobre y hablar-sobre.

La idea de que podemos apreciar lo que no podemos plasmar en una descripción no es en sí misma sorprendente. Es un recordatorio de que podemos apreciar los sabores o los colores sin poder describirlos. ¿Cómo, por ejemplo, se puede describir el sabor del café, salvo de forma muy vaga? Sin duda, la analogía con los sabores o los colores es probablemente engañosa: Por un lado, los colores se sitúan en el espacio objetivo, mientras que los significados no; pero muestra que la incapacidad de describir no equivale a la incapacidad de experimentar y apreciar.

Aun así, uno podría exigir legítimamente una explicación, por muy general y vaga que sea, de qué son esas voces o significados fundamentales.

Una respuesta inmediata es: Intenta contemplar y experiméntalo por ti mismo. Pero aquí se puede decir más. En primer lugar, como nos dicen nuestras experiencias contemplativas, los significados fundamentales no son categorías neutrales como los conceptos abstractos, sino cualidades de valor: Discernimos su preciosidad, a veces incluso su carácter sagrado. La preciosidad o el valor es parte de lo que son. Experimentarlas es experimentarlas como algo precioso.

En segundo lugar, como nos dicen nuestras experiencias contemplativas, esas cualidades son generativas o creativas. Dan lugar a imágenes, ideas, asociaciones. No son cualidades inertes, sino una plenitud dinámica.

Por tanto, podemos decir que los significados fundamentales actúan como fuentes de significado, de preciosidad y de plenitud. Son una fuente de lo que es ricamente valioso dentro de nosotros, al menos mientras dure la contemplación.

6b. Voces más allá de la teoría
(Reflexión sobre el Pilar 6: Voces de la Realidad)

Al considerar los significados fundamentales que llamamos "voces de la realidad", podríamos tener la tentación de construir una teoría acerca de ellos. Podríamos teorizar, por ejemplo, que son como las ideas platónicas que determinan las esencias de todas las cosas, y que están organizadas en una jerarquía fija, desde la idea más general en la cima hasta las ideas más específicas en orden descendente.

Sin embargo, esta teoría tan bien estructurada equivale a convertir las voces en lo que no son: Cosas vistas desde fuera. Porque describir algo, o teorizar sobre ello, significa ponerlo delante del ojo de la mente e inspeccionarlo desde la perspectiva de un observador externo.

Nuestra experiencia contemplativa revela algo muy diferente: Una voz no es una cosa para inspeccionar y pensar, porque no puede ser separada de mi acto de pensar sin distorsionarse; está en el acto mismo de pensar. Una vez que la convierto en objeto de mi pensamiento, la he perdido. Me queda una mera apariencia de lo que había sido originalmente, como una criatura de la oscuridad llevada a la luz del sol para observarla.

Para apreciar una voz debemos traerla a nuestra conciencia sin "mirarla", por así decirlo. Debemos abrir dentro de nosotros un espacio interior libre y dejar que se manifieste ahí, si quiere. Esto es lo que hacemos en la contemplación, cuando utilizamos ejercicios especiales para "poner" las palabras de un texto en nuestra profundidad interior y dejarlas "hablar" allí. Entonces sentimos que los significados no objetivados aparecen dentro de nosotros, de modo que podemos pensar y hablar *desde* o *con* ellos, pero no *sobre* ellos.

Aquí, como filósofos, debemos abandonar la pretensión de que podemos meter todo en nuestras teorías. Cualquier teoría de este tipo deja inevitablemente fuera los significados que no pueden ser objetivados, porque envuelven al propio sujeto y nunca se acercan del todo al objeto.

6c. Voces y profundidad interior
(Reflexión sobre el Pilar 6: Voces de la Realidad)

En Filosofía Profunda a veces decimos que conectamos con la realidad a través de nuestra "profundidad interior", mientras que otras veces decimos que escuchamos las "voces" de la realidad. Estas dos expresiones, profundidad interior y voces, provienen de lenguajes diferentes y utilizan metáforas distintas, pero son dos caras de la misma moneda. "Profundidad" es una metáfora visual, tomada del mundo de las cosas situadas en el espacio. Requiere que imaginemos la superficie superior de nuestro ser frente a la profundidad que se encuentra bajo ella. En cambio, "voces" es una metáfora auditiva que requiere que imaginemos los significados como voces sin-objeto que provienen de otro lugar.

Para combinar estas dos metáforas, podemos decir que nuestra profundidad interior es el "lugar" dentro de nosotros donde podemos "escuchar" las voces de la realidad. En este sentido, contemplar desde nuestra profundidad interior es aproximadamente lo mismo que escuchar las voces de la realidad.

7a. Realidad dentro nuestro
(Reflexión sobre el pilar 7: Transformación)

Cuando contemplamos, a menudo experimentamos una elevada aprehensión de realidad, y esto es una indicación de que nuestros estados mentales se han transformado. En la vida cotidiana, percibimos los objetos materiales como reales cuando, por ejemplo, podemos tocarlos y ofrecen resistencia a nuestro tacto. Si mi mano atraviesa sin esfuerzo lo que parece una pared, entonces es una ilusión, no una pared real. Este tipo de realidad material es externa en dos sentidos: En primer lugar, encontramos el objeto fuera de nosotros mismos, o más exactamente fuera de nuestros órganos sensoriales; fuera de nuestros ojos, por ejemplo. En segundo lugar, sólo percibimos la superficie externa del objeto. Nunca podemos experimentar una pared o un árbol desde su interioridad (si es que "la interioridad de una pared" significa algo).

Pero la realidad que a veces experimentamos en la contemplación es interna. La experimentamos dentro de nosotros, a menudo inundándonos con su intensa presencia. Un objeto material nunca podrá entrar en mí y llenar mi profundidad interior de la misma manera. Su realidad seguirá siendo siempre la realidad externa de un objeto de percepción.

La realidad interior es la realidad que buscamos en Filosofía Profunda. Esta interioridad es imposible de capturar en palabras ordinarias, que están diseñadas para objetos públicos y externos. Por eso utilizamos una metáfora: "Una ola en el océano". Como una ola que siente los movimientos del océano dentro de sí misma, sentimos los significados que contemplamos como surgiendo dentro de nuestra profundidad interior y, por lo tanto, como reales de una manera especial.

7b. Entre la ola y el océano
(Reflexión sobre el Pilar 7: Transformación)

Utilizamos la metáfora de "una ola en el océano" para referirnos a la transformada aprehensión de realidad del contemplador, pero también a la relación transformada entre el contemplador (la ola) y la realidad que contempla (el océano). Esta relación transformada tiene varias características.

En primer lugar, al igual que una ola no está separada de los movimientos del agua del océano, de forma análoga yo no estoy separado de la realidad que percibo. Los significados fundamentales de la realidad (los movimientos del océano, por así decirlo) aparecen dentro de mí, y no necesito observarlos a distancia. Podemos decir que una característica importante de ser una ola en el océano es que encuentro la realidad dentro de mí.

Una segunda característica es que se trata de una relación de participación. Como contemplador, participo en la realidad que estoy contemplando porque soy parte de ella, y mis movimientos se entrelazan con sus movimientos. Esto es diferente de la relación de pensar-sobre, en la que el objeto de mi pensamiento y yo estamos separados y somos independientes el uno del otro.

Una tercera característica es que ser una ola en el océano es una relación epistémica, es decir, una relación de conocimiento o comprensión. Pero a diferencia de la forma ordinaria de conocimiento por representación (tener en mente una representación de), esto se trata de *conocimiento por encarnación*: Comprendo ciertos significados fundamentales porque están encarnados en mí. Al igual que una ola descubre en sí misma, por así decirlo, los movimientos del océano —su marea, las corrientes submarinas, los remolinos—, de forma análoga descubro los significados (o las voces) de la realidad dentro de mí, aunque no piense-sobre ellos.

Una cuarta característica es que, como ola, me relaciono con el océano a través de un aspecto diferente de mi ser. Ya que los movimientos (o significados) del océano no llegan a mí por el canal del pensar-sobre, aparecen en aquellas dimensiones de mi ser que se encuentran fuera de mis estructuras psicológicas normales de pensamiento, y que llamamos profundidad interior. Es por eso que, en la contemplación, cuando escuchamos interiormente nuestra profundidad interior, sentimos como si nuestra comprensión inundara todo nuestro ser.

En resumen, a través de la contemplación llego a relacionarme con la realidad humana de una manera fundamentalmente diferente. Ya no soy sólo una cosa psicológica en un mundo de cosas, sino que me transformo durante la sesión en una ola en el océano.

De nuevo, esta transformación siempre es parcial. Al igual que uno no se pierde por completo en la novela que está leyendo —en el fondo uno sabe que está sentado en un sillón con un libro en la mano—, del mismo modo en la contemplación filosófica solemos mantener la conciencia de nosotros mismos como individuos separados sentados en una habitación y realizando ejercicios de contemplación. Nos transformamos en algún aspecto de nuestro ser y, sin embargo, seguimos siendo los mismos en otro; lo cual es probablemente lo máximo a lo que puede aspirar un ser humano.

7c. Transformación más allá de la sesión
(Reflexión sobre el Pilar 7: Transformación)

La contemplación filosófica puede transformarnos mientras contemplamos, pero esto puede no ser suficientemente satisfactorio. También deseamos transformarnos más allá de la sesión. Queremos seguir conectados con nuestra profundidad interior.

Nuestra vida normal se rige por mecanismos psicológicos de pensamiento, emoción y comportamiento, que siguen patrones psicológicos típicos como un piloto automático. Como resultado, nuestra vida mental es superficial y fragmentada, mientras que la dimensión más profunda de nuestro ser está ampliamente dormida, inactiva y, en consecuencia, sin desarrollar. Por lo tanto, nuestra capacidad de conectar con lo que es real en nosotros, es limitada.

La necesidad de transformar nuestra vida interior y trascender nuestra existencia superficial fue reconocida por muchos filósofos a lo largo de la historia. Entre esos pensadores, —a los que llamamos "filósofos transformacionales"— están Platón, los estoicos, Spinoza, Rousseau, Nietzsche, Emerson y muchos otros. Aunque utilizaron diversos conceptos y teorías, todos coincidieron en que normalmente estamos aprisionados en estructuras psicológicas estrechas y rígidas, y en consecuencia vivimos en la superficie de la vida. Sin embargo, con la ayuda del filosofar, podemos dar un paso fuera de esta prisión, ya sea un paso pequeño o grande, brevemente o por un período de tiempo más largo, y vivir una vida más plena.

Son especialmente relevantes para nosotros aquellos filósofos que entendían la transformación interior en términos de conexión con una *fuente* interior especial de inspiración o sabiduría: "el principio rector" de Marco Aurelio, "el yo superior" de Novalis, "el yo natural" de Rousseau, "el Súperalma" de Emerson, etc. Para ellos, la transformación interior significaba aprender a estar atentos a esta *fuente* interior, a despertarla y a cultivarla. A pesar de las diferencias terminológicas y teóricas entre esos pensadores, todos ellos sostenían que, de alguna manera, podemos aprender a vivir "desde" esa fuente interior.

Al igual que esos filósofos, en Filosofía Profunda queremos cultivar nuestra profundidad interior más allá de la sesión, en nuestra vida cotidiana. Por ello, trabajamos para despertar nuestra profundidad interior, animándola a "hablar" dentro de nosotros y a expresarse. A medida que nuestra profundidad interior se vuelve más activa, podemos volver a ella con más facilidad y plenitud durante el día.

Se podría llamar a esto "autotransformación", pero esta expresión podría ser engañosa. Si "autotransformación" significa cambiar completamente uno mismo, si significa adquirir una nueva personalidad o liberarse de todos los mecanismos psicológicos, superar todos los patrones emocionales y de comportamiento, y convertirse en una persona totalmente nueva, entonces es un sueño irreal. El eucalipto siempre seguirá siendo un eucalipto, nunca se convertirá en una rosa. La gran mayoría de las personas están destinadas a seguir experimentando la fuerza bruta de sus mecanismos psicológicos durante el resto de sus vidas. Algunos cambios psicológicos son ciertamente posibles, ya sea a través de la psicoterapia, o de la autorreflexión, o de la maduración a lo largo de los años, pero por muy valiosos que sean estos cambios, son locales y limitados, y no equivalen a un cambio completo de la personalidad, o a la liberación de todos los mecanismos psicológicos. De hecho, muchas de nuestras estructuras psicológicas desempeñan un papel importante en nuestra vida. No puedes funcionar sin las estructuras que controlan el hambre y la sed, sin las estructuras lingüísticas que componen y descifran las oraciones, las estructuras de pensamiento que planifican y analizan, las estructuras emocionales que regulan tus sentimientos o las estructuras que rigen la conciencia social y la interacción.

Es más, incluso después de muchas sesiones de contemplación filosófica, muchos de nuestros viejos patrones y tendencias seguirán siendo los mismos, pero con una diferencia importante: Ahora no serán nuestra única fuente de pensamientos, sentimientos y comportamiento. Una dimensión adicional de nuestro ser ahora estará más despierta. Esta dimensión adicional es lo que llamamos nuestra profundidad interior.

Por tanto, cultivar nuestra profundidad interior no significa aniquilar nuestra psicología y sustituir nuestra personalidad. Significa, más bien, que además de nuestro aparato psicológico ordinario, ahora tenemos una fuente de vida más profunda. Y durante ciertos periodos de tiempo, esta fuente más profunda puede influir o incluso guiar nuestras diversas fuerzas y mecanismos psicológicos.

A medida que nuestra profundidad interior despierta y crece, nuestros patrones psicológicos dejarán de ser fuerzas ciegas independientes. Por el contrario, se integrarán y consolidarán en torno a un nuevo centro interior que los guiará y dirigirá, durante períodos más largos o más cortos. Mi despierta profundidad interior no sustituirá a quien soy, pero me unirá, me centrará y me expandirá, y a veces me conectará con raíces más profundas y con mayores horizontes.

Parte D

LA PRÁCTICA DE FILOSOFÍA PROFUNDA

La contemplación filosófica requiere un estado mental especial, y por ello no puede practicarse en el marco casual de una conversación ordinaria. Se necesitan métodos especiales para dejar de lado nuestros patrones de pensamiento automático y abrir un espacio interior de escucha profunda. También se necesitan procedimientos especiales para crear la fluidez y el ritmo que ayudan a crear una atmósfera contemplativa en el grupo.

Los principiantes suelen notar que en las sesiones contemplativas se les pide que hablen de una manera que no les resulta "natural". Esto es muy cierto. Definitivamente, si se te pide que repitas la misma oración una y otra vez, o que leas un texto muy lentamente palabra por palabra, o que limites lo que dices a una oración poética condensada, entonces esto es muy diferente del discurso ordinario. La contemplación requiere precisamente formas "antinaturales": una interacción muy organizada, un ritmo de actividad fluido, una mente concentrada y atenta, y un discurso cuidadoso y deliberado.

Capítulo 10

EL MARCO GENERAL

La estructura de una sesión

Practicamos Filosofía Profunda principalmente en grupos, aunque muchos de nosotros lo hacemos también de manera individual. Un grupo usualmente consta de 5 a 12 participantes, que se encuentran una vez a la semana por tres o más sesiones de aproximadamente 90 minutos. Las sesiones son dirigidas por un facilitador que es un practicante experimentado. Aunque las actividades en una sesión dependen del estilo personal del facilitador, suelen tener una estructura básica similar y usar técnicas de un repertorio común.

La efectividad de una sesión de contemplación depende, entre otras cosas, del estado mental de los participantes y de la sensación de unión. Para mantener esto, la estructura dirigida de la sesión es crucial. Una actividad constante, tranquila y fluida fomenta la atmósfera contemplativa, mientras que cualquier interrupción en el flujo — instrucciones poco claras, confusión acerca de quién tiene el turno para hablar, un cambio abrupto— puede sacar a los participantes de su estado mental contemplativo. El estado mental contemplativo es precioso, pero frágil. La estructura, por lo tanto, es esencial.

Una sesión usualmente comienza con una introducción breve y focalizada por parte del facilitador, quien explica brevemente el texto filosófico seleccionado. Dependiendo del texto y de su estilo personal, la introducción puede ser de sólo un par de oraciones o —si el texto es difícil— de incluso más de 10 minutos, en donde se explican las ideas centrales.

La sesión termina con una breve conclusión, usualmente un par de minutos para mirar hacia atrás en la sesión y compartir comprensiones profundas y experiencias.

La parte central de la sesión consiste en la contemplación del texto. Ocupa la mayor parte del encuentro y está cuidadosamente construida por el facilitador. Consiste en una secuencia de ejercicios diseñados para dirigir a los participantes, para pensar y comunicar desde su profundidad interior. Estos ejercicios pueden dividirse de manera general en tres tipos: ejercicios para un primer encuentro con el texto, para contemplar el texto, y para dar voz a las comprensiones profundas personales.

En el primer tipo de ejercicios los participantes se encuentran con el texto por primera vez. Aquí el énfasis está en comprender el texto, incluyendo la comprensión de palabras y oraciones difíciles, y la identificación de ideas centrales. Esto se hace usualmente a través del procedimiento semi-contemplativo de "lectura interpretativa", en el que los participantes leen pasajes del texto varias veces, mientras agregan sus propias interpretaciones brevemente, pero de manera fluida y promoviendo el espíritu contemplativo. Aquí el facilitador tiene la oportunidad de hacer comentarios interpretativos importantes para ayudar a elucidar el texto.

El segundo tipo de ejercicios se usa en la parte central de la sesión, donde el énfasis cambia de intentar comprender el texto a contemplarlo desde la propia profundidad interior. Aquí los participantes resuenan profundamente con las ideas que han encontrado. A través de varios ejercicios crean una polifonía de ideas mientras escuchan interiormente "a través" de las palabras hacia significados más profundos.

En este punto, cuando los participantes están profundamente sumergidos en el texto y en el espíritu contemplativo, ellos están listos para el tercer tipo de ejercicios en los que expresan su propia voz personal. Esta es la etapa de la creatividad, de dar voz a las comprensiones profundas que emergen de la propia profundidad interior. Esto sólo se puede hacer de manera efectiva después de que uno ha ahondado en su propia profundidad interior, e incluso entonces no siempre ocurre. Las comprensiones profundas son un regalo de lo profundo, por así decirlo, y pueden llegar o no llegar.

Dar voz se puede hacer de manera oral o en escritura silenciosa. Cuando termina, los participantes pueden leer lo que otros han escrito o compartir destellos de sus comprensiones profundas de alguna otra manera. Entonces el clímax de la contemplación ya ha terminado y el grupo está listo para la conclusión de la sesión, bajo la forma de la ronda usual de respuestas a la pregunta: "¿Qué te llevas de la sesión?"

Independientemente de los ejercicios específicos realizados a lo largo de la sesión, la actividad contemplativa en su conjunto fluye naturalmente desde el inicio hasta el final como en una presentación musical.

El texto filosófico

En el centro de cada sesión de contemplación filosófica hay un pequeño texto filosófico, seleccionado por el facilitador de entre la historia de la filosofía. Usualmente tiene alrededor de dos páginas (de 400 a 600 palabras) y contiene una idea filosófica unificada formulada de manera concisa y clara. Durante la sesión los participantes reflexionan juntos sobre el texto y resuenan con él, esto ayuda a reunir al grupo alrededor de un centro común.

Los textos que usamos para la contemplación filosófica usualmente expresan situaciones humanas básicas vistas desde adentro: encontrar a otra persona (en la filosofía del amor, por ejemplo), crear o disfrutar una obra de arte (en la filosofía de la estética), el sentido de la propia existencia, estar en la naturaleza, etc. Nuestros textos son, en otras palabras, sobre la realidad como es encontrada por nosotros.

Esta elección de textos no es una coincidencia. Un texto que expresa un encuentro humano me permite, como contemplador, colocarme dentro del mundo del texto. Puedo "entrar" en su paisaje y atestiguarlo desde adentro. En contraste, un texto que es completamente objetivo, que describe solamente un objeto mientras ignora mi encuentro con él, me deja como un observador externo.

Tampoco es una coincidencia que para la contemplación utilicemos solamente textos que sean filosóficos. No usamos poesía o libros de historia, por ejemplo, porque tales textos se centran en personas particulares, objetos particulares, eventos particulares, contrario a centrarse en significados fundamentales generales, que son el objeto de la filosofía. Cuando contemplo un texto filosófico apropiado, puedo entrar en el reino de los significados fundamentales y explorarlo desde adentro.

El facilitador

El facilitador es un participante que dirige la sesión contemplativa de Filosofía Profunda. Él o ella prepara el texto para la contemplación, inicia la sesión explicando al grupo lo que necesite ser explicado y dirige a los participantes a través de una secuencia de ejercicios. Los facilitadores suelen ser más experimentados que los otros participantes y han sido entrenados en el programa de facilitación del Grupo de Filosofía Profunda. Los facilitadores navegan la sesión como el capitán de un barco. Al dar indicaciones concisas y un ejemplo personal, ellos marcan el paso y el ritmo de la sesión contemplativa para que fluya de manera suave y consistente, algo que es crucial para la atmósfera contemplativa y, por lo tanto, para el éxito de la contemplación. Además, habiendo preparado el texto por adelantado, pueden hacer comentarios ocasionales para ayudar a los participantes a comprender pasajes difíciles y a notar conceptos centrales que merecen ser enfatizados. Por lo tanto, en cada ejercicio el facilitador suele ser el primero en hablar. Frecuentemente un comentario breve (si el ejercicio lo permite) puede ayudar a orientar al grupo en una dirección fructífera.

En muchos sentidos, la facilitación requiere el arte de balancear entre extremos. Por ejemplo, los facilitadores deben mantener sus comentarios ocasionales suficientemente cortos para no interrumpir el flujo, pero suficientemente detallados para evitar malentendidos. También deben hacer sus ejercicios suficientemente abiertos y flexibles para permitir a los participantes expresarse a sí mismos creativamente, pero no demasiado abiertos como para perder los límites y la concentración. De manera similar, deben saber cuándo terminar un ejercicio; no antes de que los participantes hayan ahondado profundamente en la tarea, pero no demasiado tarde como para ocasionar repetitividad y aburrimiento. Estas tareas y otras similares suman a una buena facilitación.

Los tres roles del facilitador

Hablando en términos generales, el facilitador de una sesión contemplativa tiene tres roles principales, que pueden describirse metafóricamente como: El facilitador como un guía turístico, el facilitador como un director de música, y el facilitador como un chamán.

Como un guía de turistas, el facilitador dirige a los participantes a través del mundo del texto, especialmente en su primer encuentro con el texto al inicio de la sesión, muy parecido a como un guía de turistas guía a éstos a través de las calles de la ciudad. Esto incluye varias tareas. Primero, los facilitadores tienen que asegurarse de que los participantes entiendan las palabras difíciles en el texto o aquellas que tienen un significado filosófico especial. Segundo, tienen que señalar los principales "puntos de referencia" en el "paisaje de ideas" del texto. Esto es porque los participantes que encuentran un texto por primera vez, especialmente aquellos con poco trasfondo filosófico, suelen tener dificultades para distinguir entre los puntos centrales y las ideas periféricas. Puede que entiendan cada oración por sí misma, pero fallan al ver cómo las oraciones se conectan entre sí dentro de un paisaje general.

Por lo tanto, el facilitador se debe asegurar de que el texto sea claro para todos, tanto a nivel lingüístico como conceptual. Parte de esta clarificación puede hacerse en una pequeña presentación de 5-10 minutos antes del inicio de la contemplación, pero también puede incorporarse dentro de los mismos ejercicios contemplativos. Por ejemplo, mientras lee el texto en el procedimiento de "lectura interpretativa", el facilitador puede agregar breves clarificaciones sin interrumpir el flujo. Esto puede hacerse ofreciendo un sinónimo para una palabra difícil, usando cierta entonación para enfatizar una frase clave, reformulando y simplificando una oración, etc.

El segundo rol del facilitador es, metafóricamente hablando, el de un director de música. Como un conductor que dirige a los músicos para crear una música coherente y fluida, el facilitador es responsable de la "música de ideas" producida en el grupo, incluyendo su ritmo, paso y flujo. Estas cualidades son cruciales para un estado mental contemplativo. No es por coincidencia que la música y la recitación sean centrales en prácticamente todas las tradiciones espirituales, particularmente porque magnifican el poder de las palabras y les dan un sentido de significatividad especial.

Estos efectos musicales también son importantes en la contemplación de textos porque ayudan a empoderar las palabras filosóficas para resonar en la profundidad interior de uno. Dicho de otra manera, ayudan a cambiar el estado mental del contemplador, del pensamiento discursivo a la escucha interior y la consonancia mental con los significados profundos del texto. Un buen facilitador sabe cómo darle a la comunicación filosófica en el grupo esas cualidades musicales que activan la atención interior de los participantes, usando un tono de voz apropiado, un paso lento, transiciones suaves, así como ejercicios contemplativos que enfatizan el habla poética o la repetición recitativa del texto.

El tercer rol del facilitador es el de un chamán. Tal como el chamán tradicional media entre el mundo humano de lo mundano y el mundo de los poderes ocultos, así el facilitador media entre la sensibilidad mundana de los participantes y los significados profundos en su profundidad interior. Sin embargo, distinto a un chamán, el facilitador no recibe visiones y poderes especiales sólo para sí mismo, sino que ayuda a los participantes a conseguirlos por ellos mismos. Un buen chamán-facilitador crea un sentido de solemnidad y asombro en las mentes de los participantes. No puedes recibir significados profundos con una actitud casual, cínica o despreocupada; así como, por analogía, no puedes participar verdaderamente en un ritual espiritual con una actitud de juego o desdén. Usando la entonación y las palabras, el facilitador los inspira a maravillarse ante las ideas seleccionadas en el texto, ante su profundidad, riqueza y sorprendentes implicaciones. Esto los inspira a ir más allá de la mera curiosidad intelectual, hacia una actitud de asombro frente a los grandes horizontes de la realidad; como si estuvieran entrando a un templo o a un espacio sagrado.

Para crear una sensación de espacio sagrado, el facilitador puede señalar brevemente a los participantes el elemento en el texto que sea notable, sorprendente, asombroso; en breve, lo que en ocasiones llamamos el "fuego" o el "¡wow!" del texto. Pero frecuentemente es suficiente con enfatizar una expresión intrigante en el texto y pedir a los participantes que la reciten o saboreen en sus mentes, hasta que su comprensión superficial se abra a significados más profundos.

Capítulo 11

MÉTODOS

La contemplación filosófica es una actividad estructurada, diseñada para llevarnos más allá del pensamiento normal hacia nuestra profundidad interior. Como muchos otros tipos de prácticas enfocadas —yoga, meditación, tocar música, y artes marciales— requiere adherirse a lineamientos y métodos especiales.

A. *Ejercicios para el inicio de una sesión*

Al inicio de una sesión de contemplación de textos, el grupo se enfrenta a dos tareas principales: comenzar a entrar en un estado mental contemplativo y comprender el texto filosófico. Los siguientes ejercicios son usados comúnmente para estos propósitos.

1. Ejercicio de centrado

Una sesión contemplativa usualmente comienza con un ejercicio de centrado. Se trata de una breve técnica meditativa en donde los participantes cierran sus ojos y ponen atención a su interior siguiendo las indicaciones del facilitador.

El ejercicio de centrado tiene dos funciones principales. Primero, sirve para marcar la transición de la actividad normal del día al reino de la contemplación. Segundo, y con un sentido más práctico, busca silenciar la mente y prepararla para la contemplación. Hacemos esto porque cuando los participantes se sientan para comenzar la contemplación, sus mentes siguen agitadas por el ajetreo diario, y unos cuantos minutos para calmar la respiración son requeridos.

Los ejercicios de centrado, por definición, no tratan con textos o ideas filosóficas (o entonces serían considerados ejercicios contemplativos). Ya que son ejercicios preparativos, suelen ser breves, mayormente durando de tres a cinco minutos.

Una variedad de ejercicios de centrado son utilizados en las sesiones de Filosofía Profunda. En algunas versiones, a los participantes se les solicita recordar sus ocupadas actividades previas a la sesión, y después dejarlas ir gentilmente para estar presentes y enfocados.

En otros tipos de ejercicios de centrado, los participantes usan su cuerpo como centro de atención. Pueden concentrarse en su respiración, o pueden concentrar su atención en su cabeza y después descender lentamente a lo largo del cuerpo hasta llegar a sus pies, o pueden enfocarse en los movimientos de la respiración del cuerpo, moviendo suavemente su atención hacia abajo, desde la nariz hacia la boca, garganta, pecho, abdomen, etc.

En un tercer tipo de ejercicios de centrado, los participantes siguen las indicaciones del facilitador para perfilar sus actitudes internas a través de una secuencia de imágenes. Por ejemplo: Deja ir tus pensamientos, abre las paredes que te rodean, descansa en los brazos del mundo, etc.

2. Lectura Interpretativa

Después del ejercicio de centrado, cuando la mente está tranquila y enfocada, es momento de dirigirnos al texto filosófico. Ya que el texto es desconocido para la mayoría de los participantes, es necesario primero leerlo y comprenderlo, aunque sin perder el espíritu contemplativo. El ejercicio más común usado para este propósito es la "lectura interpretativa", en donde los participantes estudian juntos un texto filosófico de una manera semi-contemplativa. La idea general en la lectura interpretativa es que cada párrafo sea leído en voz alta muchas veces (normalmente tres o cuatro veces) por un participante seguido de otro. Para mantener un ritmo ininterrumpido, el orden de la lectura está predeterminado, siguiendo el orden alfabético (en encuentros online) o el lugar en el que estamos sentados (en encuentros presenciales). Se motiva a los lectores a agregar ocasionalmente sus propias interpretaciones al texto conforme lo van leyendo, siempre que sean breves y se entrelacen en la lectura. Pueden incluir, por ejemplo, un sinónimo de una palabra difícil o una reformulación de una frase compleja, y su rol es clarificar lo que dice el texto, sin expresar opiniones personales.

El facilitador suele ser el primero en leer cada párrafo. Una vez que el facilitador termina de leer (con ligeras interpretaciones) el primer párrafo, otro participante lee el mismo párrafo otra vez, después el siguiente participante (y después, si se requiere, un cuarto o incluso un quinto lector). Después de terminar con el primer párrafo, el facilitador avanza al segundo párrafo, lo lee con ligeras interpretaciones y le siguen dos o más lectores que leen el mismo párrafo. El siguiente párrafo se lee de manera similar, y los siguientes hasta el final del texto.

Mientras se está leyendo el texto, se pide a los participantes que atiendan cuidadosamente a cada palabra, a su sonido y su entonación, a sus metáforas visuales y su significado. Esta escucha cuidadosa, en conjunto con la lectura repetitiva del mismo párrafo una y otra vez, genera el comienzo de una atmósfera contemplativa. Todavía no es una actividad completamente contemplativa, ya que se requiere cierto grado de análisis del texto, pero tampoco es algo completamente intelectual. Puede verse como un punto intermedio entre el pensamiento discursivo y el contemplativo. Para profundizar la atmósfera contemplativa, así como la sensación de unión, el facilitador puede introducir un breve ejercicio contemplativo después de algunos párrafos: Una repetición tipo mantra de una oración seleccionada (el llamado "Ruminatio"), o resonar con el texto en la así llamada "habla preciosa" (breves y poéticas afirmaciones pronunciadas de una forma concentrada), etc.

3. Dibujar un mapa de ideas

Un ejercicio más sofisticado para estudiar un texto filosófico es dibujar un mapa de ideas. El mapa pretende representar la estructura conceptual del texto, o lo que llamamos su "paisaje de ideas". Lo llamamos "paisaje" porque es análogo a la manera en la que los relieves distintivos están organizados sobre un terreno geográfico. Así como un paisaje geográfico está hecho de colinas, lagos, ríos, etc., una teoría está hecha de muchos conceptos que ocupan ubicaciones específicas en un terreno conceptual y se sitúan en ciertas relaciones entre sí.

Cuando dibujamos el paisaje conceptual de una teoría, el resultado es un "mapa de ideas", y estos dos no deben confundirse: Un paisaje de ideas es una estructura conceptual abstracta, mientras que un mapa de ideas es un dibujo en una hoja de papel (o pantalla de computadora) que representa ese paisaje.

Comprender el paisaje de ideas preciso del texto no siempre es importante en una sesión de Filosofía Profunda. Pero si el facilitador desea usar este ejercicio para visualizar más claramente la estructura lógica del texto, el mapa de ideas del texto usualmente se dibuja entre todo el grupo.

El ejercicio comienza después de que el grupo ya ha leído el texto al menos una vez, sea en lectura interpretativa o en una simple lectura rápida. Entonces el facilitador pide a los participantes que digan en voz alta, en orden libre, los conceptos que les parecen importantes en el texto. Para mantener la atmósfera contemplativa no se admiten explicaciones; un participante simplemente anuncia el concepto. (Nótese que un *concepto* no se expresa en una oración completa, sino en una palabra o frase; por ejemplo, "Amor", "El poder de las ideas", "El yo", etc).

Después de unos cuantos minutos, el facilitador se detiene y resume todos los conceptos que han sido mencionados, normalmente entre cinco y diez. Esto se puede hacer escribiendo los conceptos en un pizarrón o en pedazos de papel esparcidos sobre el piso. En las sesiones online, los conceptos se pueden escribir en un espacio sincrónico como un Google Doc.

Ahora es el momento de organizar la lista de conceptos en un mapa. Primero, las palabras que son similares entre sí se unifican. (Por ejemplo, "Amor" y "Amar" pueden escribirse ambas como "Amor"). Después, el facilitador pregunta cuál de los conceptos merece estar al centro del mapa, cuáles conceptos tienen una importancia secundaria y deben colocarse alrededor del centro, y cómo deben relacionarse entre sí. Pueden dibujarse líneas para indicar tales relaciones. Siguiendo las breves sugerencias de los participantes, se reorganizan los conceptos hasta conseguir un mapa de ideas satisfactorio.

Claramente, este ejercicio no puede ser completamente contemplativo. Requiere un grado considerable de pensamiento analítico, así como de comunicación a través de preguntas y respuestas. Por esta razón es mejor realizarlo al inicio de la sesión, antes de ahondar por completo en la contemplación.

B. *Ejercicios contemplativos*
Después de que los participantes han comprendido el texto y han entrado a un estado mental contemplativo, es momento de ahondar en la contemplación más profundamente. Los siguientes ejercicios son los principales que usamos.

4. Habla preciosa
El habla preciosa es un procedimiento importante en el que los participantes dan voz a sus comprensiones profundas de una forma contemplativa. Para propiciar el espíritu contemplativo, deben escuchar internamente mientras articulan sus comprensiones profundas de manera breve, concisa y cuidadosa. También deben hablar desde su profundidad interior tanto como puedan, expresando las comprensiones profundas que están vivas en ellos, y apartando sus opiniones. Esta manera de hablar enfocada, espontánea y atenta, cambia el estado mental de uno, haciéndolo más profundamente contemplativo.

El procedimiento está basado en varias reglas para hablar y escuchar. Las reglas estándar para hablar son: Primero, siempre que hables hazlo de manera concisa y sin repetición ni redundancia, limitándote a una sola oración. Segundo, trata a cada una de tus palabras como si fuera una gema preciosa, como un valioso regalo para el grupo. Tercero, siempre da voz a lo que está vivo dentro de ti en ese momento, y no a opiniones ya conocidas. Cuarto, cuando reacciones a las ideas de los compañeros o del texto, siempre resuena *con* ellas, en vez de hablar *sobre* ellas. En particular, no las juzgues, evalúes, expreses acuerdo o desacuerdo; en cambio, deja que tus palabras hagan eco con las palabras de otros, como si fueras un cantante cantando en un coro con tus compañeros. Las reglas estándar para escuchar son: Primero, escucha cuidadosamente cuando otros hablan, y recuerda que escuchar no es menos importante que hablar. Segundo, cuando otros hablan, evita asentir o disentir en tu mente. Simplemente abre un espacio interior de escucha y deja que las palabras entren en él.

Hay diferentes versiones del habla preciosa, dependiendo del objetivo. En una versión abierta, el facilitador pide a los participantes que resuenen libremente con cualquier oración o idea del párrafo que los haya conmovido. En una versión más enfocada, el facilitador formula una pregunta a la que los participantes responden de manera concisa. En una versión más personal, el facilitador pide a los participantes que recuerden una experiencia reciente de un tipo específico y después hablen "desde" ella en habla preciosa. En una versión más estricta, a los participantes se les pide que completen una oración dada por el facilitador. En ocasiones se les pide que respondan inmediatamente, sin tiempo para pensar, para que su respuesta no pase por el nivel del pensamiento consciente y exprese ideas preformuladas.

El orden para hablar en estos ejercicios también puede variar. Siguiendo una versión, los participantes hablan solamente en su turno (de acuerdo a donde están sentados, o en orden alfabético). Siguiendo la versión sin orden, los participantes pueden hablar cuando sea que sientan que una idea "quiere" hablar dentro de ellos. Cuando estamos sentados en un círculo, los participantes pueden usar un objeto para controlar los turnos de hablar (una piedra lisa, por ejemplo), de modo que uno solamente hable cuando la sostenga.

5. Ruminatio (Recitación)

El ruminatio es otro procedimiento contemplativo grupal importante. El facilitador selecciona una oración del texto filosófico, preferiblemente una que esté impregnada de significado, y los participantes la recitan una y otra vez, un participante después de otro, de acuerdo a un orden predeterminado. La recitación continúa por varias rondas, a veces por cinco minutos o más. Mientras esperan su turno para hablar, los participantes escuchan cuidadosamente la recitación de los otros, saboreando las palabras y evitando distracciones.

Cuando recitamos una oración una y otra vez, después de un momento las palabras comienzan a perder su significado ordinario. Ya no escuchamos sólo la idea que comunican como hacemos en las conversaciones ordinarias, sino también las palabras mismas; sus sonidos, su ritmo, su entonación. Además, nuestro pensamiento ya no es discursivo y lógico, y nos volvemos más atentos a todo tipo de asociaciones y significados ocultos. Frecuentemente frases específicas atraen nuestra atención, y evocan imágenes y comprensiones profundas en nuestras mentes.

El ejercicio debe practicarse después de que el grupo ha estudiado y comprendido una parte del texto, una vez que desea ahondar en él más profundamente. Esto asegura que la oración seleccionada no sea malinterpretada, porque los participantes ya han comprendido el texto en el que está inserta.

6. Lectura gentil

La lectura gentil es un ejercicio en el que se lee un texto filosófico muy lentamente, de manera receptiva y con una atención especial a cada palabra, para romper el patrón de lectura ordinario de la mente. Se puede practicar tanto de manera individual como en grupo.

En la versión individual te sientas tranquilamente y lees el texto mucho más lento de lo usual, saboreando las palabras e ideas conforme fluyen a través de tu mente, cuidando no imponerles interpretación alguna. Todos los pensamientos, los movimientos de los ojos y del cuerpo, fluyen gentilmente, sin esfuerzo ni cambios abruptos; ya sea que cambies la página, abras un diccionario o te acomodes en tu asiento.

Mientras lees gentilmente de esta manera, también escuchas con cuidado las ideas e imágenes que puedan surgir en tu mente como respuesta al texto. Es como si el texto quisiera hablar en tu mente y tú, en consecuencia, vaciaras el espacio interior que necesita. Ocasionalmente una palabra o una frase del texto atraerá tu atención, y entonces tu puedes leerla gentilmente varias veces y escucharla hablar en ti.

En la versión grupal, también, cada participante lee en silencio como en la versión individual, pero el ritmo está determinado por el facilitador, quien indica el comienzo de cada oración leyendo en voz alta sus primeras palabras. Por ejemplo, el facilitador puede leer en voz alta la primera palabra de la primera oración, después esperar en silencio por algunos segundos mientras los participantes leen gentilmente el resto de la oración, y entonces leer en voz alta el inicio de la segunda oración, esperar unos pocos segundos, y continuar de la misma manera hasta el final del párrafo. Alternativamente, el facilitador puede simplemente indicar a los participantes que se tomen unos minutos para leer silenciosa y gentilmente un párrafo determinado. Después de la lectura gentil los participantes pueden compartir, en habla preciosa o en algún ejercicio de escritura, las frases en el texto que los hayan tocado, así como las comprensiones profundas que aparecieron en sus mentes.

7. Escritura gentil

En la escritura gentil contemplamos un pequeño texto filosófico mientras lo copiamos en una página de manera precisa y cuidadosa, haciendo que la mente tenga presentes los movimientos de la mano al escribir. Los movimientos de los dedos y de la pluma se vuelven intensamente presentes, y uno frecuentemente los experimenta con fascinación, como si se movieran por su propia cuenta. La mente, enfocada en dar forma a cada letra, trasciende su modo automático de pensar y escucha las palabras del texto "hablando" y propiciando ideas o imágenes.

La escritura gentil puede ser especialmente efectiva cuando se escribe en cursiva. No hay necesidad de ser un experto en caligrafía para hacerlo. Lo que importa no es el resultado profesional sino el proceso de escritura cuidadosa.

8. Lectura flotante

Este procedimiento también está diseñado para romper nuestros patrones de pensamiento automáticos. Aquí leemos un texto filosófico, o escuchamos cómo otro lo lee, con una mente relajada y sin intentar capturar sus ideas en nuestro entendimiento. Dejamos que las palabras e ideas floten sin esfuerzo en nuestra mente.

En la versión individual, relajamos nuestra mente y leemos el texto lenta y gentilmente, dejando que las palabras fluyan sin ningún esfuerzo mental por comprenderlas.

En la versión grupal, el texto se lee en voz alta por el facilitador (o por otro participante que sea un buen lector), mientras los otros participantes escuchan sin esfuerzo y con los ojos cerrados. Escuchar con los ojos cerrados puede hacer que sea difícil seguir el texto, pero quienes escuchan no batallan por comprenderlo; simplemente dejan que las palabras fluyan en su mente. Probablemente se perderán algunas de las ideas, pero notarán atisbos de pensamientos, imágenes y comprensiones profundas. El resultado será un tipo diferente de entendimiento; fragmentario, vago, más allá de la estructura lógica, modesto, y aun así, profundo.

Después del ejercicio, los participantes pueden compartir en habla preciosa sus comprensiones profundas y personales del texto.

9. Imaginario filosófico guiado

En el procedimiento del imaginario filosófico guiado exploramos un corto texto filosófico a través de imágenes. Los participantes se imaginan a sí mismos entrando al mundo descrito por el texto y exploran varias regiones o aspectos de él. Esto les permite dar voz a los aspectos no verbales de las comprensiones profundas recibidas por el texto.

En este ejercicio el texto filosófico debe ser apropiado para la visualización. Algunos ejemplos son: la Alegoría de la Caverna de Platón (estar sentado en una cueva, después ponerse de pie y caminar hacia la salida), las tres metamorfosis de Nietzsche (el camello, el león y el niño), o la metáfora de Bergson de la vida interior como un lago cubierto de hojas muertas.

Antes de comenzar, los participantes leen el texto para comprender sus ideas básicas, usando un procedimiento de aprendizaje de textos como la lectura interpretativa. Entonces, el facilitador les pide cerrar los ojos e imaginarse a sí mismos en cierto lugar en el mundo descrito por el texto (por ejemplo, sentados en la caverna de Platón, o de pie frente al lago de Bergson). Después se les pide comenzar a moverse en cierta dirección, o hacia cierto destino (caminar hacia afuera de la caverna de Platón, por ejemplo, o sumergirse en el lago de Bergson). En silencio se imaginan a sí mismos en ese viaje, notando el paisaje cambiante y encontrando varios objetos, lo que sea que su imaginación produzca. Luego de cinco minutos o más, el facilitador les pide parar, dar media vuelta y comenzar a regresar al punto de inicio. Una vez que han regresado, gentilmente dejan el mundo imaginario y regresan a la habitación.

Ahora es momento de poner en palabras algunas de las experiencias que han encontrado y compartirlas con el grupo. Esto se puede hacer por varios procedimientos, como el habla preciosa, escribir un poema filosófico grupal o hacer un dibujo.

10. Abriendo una puerta hacia lo Profundo
Con "Puerta hacia lo Profundo" nos referimos a un fragmento de un texto filosófico —usualmente una oración o frase— que está impregnada de significados y apunta más allá de la superficie hacia una comprensión más profunda. El fragmento funciona como una señal de tránsito que indica al lector no detenerse en la superficie de la comprensión de las palabras y mirar, en cambio, más allá, "a través" de ellas, hacia la profundidad que se esconde detrás de ellas.

Típicamente una puerta hacia lo profundo incluye una idea que no podemos envolver completamente en nuestra mente, de modo que nos invita a buscar más profundamente. Se nos presenta como rebosante de sentido, pero nos encontramos incapaces de traducirlo completamente en un pensamiento claro. Como un objeto tridimensional que no puede ser aplanado en una sombra bidimensional, se rehúsa a ser agotado por cualquier simplificación lingüística. Sin embargo, de algún modo se nos presenta como íntimamente significativa, y por ello nos llama a comprenderla de alguna otra manera, en nuestra profundidad interior.

El ejercicio de la puerta hacia lo profundo puede usarse en sesiones contemplativas para dirigir a los participantes a que atiendan a su interior. El facilitador pide a los participantes leer el texto en silencio, lenta y gentilmente, y tratar de identificar una frase u oración que para ellos actúe como una puerta hacia lo profundo; en otras palabras, que les "invite" a ahondar más profundamente y prestar atención a significados ocultos.

Una vez que un participante identifica una puerta, él o ella la comparte con el grupo leyéndola en voz alta. Otros participantes pueden resonar con esa puerta al repetirla, o agregándole una breve interpretación o desarrollo. De este modo ellos ahondan juntos en su significado y lo enriquecen. Después de unos cuantos momentos de resonar, los participantes pueden continuar leyendo el texto y compartiendo puertas adicionales.

11. Hablar desde una experiencia.

Muchos ejercicios permiten a los participantes resonar con ideas filosóficas de una manera personal, al conectar esas ideas con una experiencia personal reciente. Esto puede ayudar a hacer el texto más concreto y personalmente significativo. Uno de tales ejercicios es "hablar desde una experiencia". El facilitador pide a los participantes que cierren sus ojos, reflexionen y seleccionen una experiencia reciente que esté conectada con cierta idea del texto. Por ejemplo, si el texto es sobre la amistad, el facilitador puede pedir a los participantes que seleccionen una situación reciente en la que hayan experimentado una sensación de amistad con alguien. O, si el texto es sobre el significado del silencio, que seleccionen un momento en el que sintieron un profundo silencio interior; y así según sea el caso.

A continuación, cada participante le pone un pequeño título a su experiencia seleccionada (una frase o palabra), y lo escribe. Si se tiene disponible un espacio de escritura común (como un Google Doc en las sesiones online), los participantes también pueden agregar una breve oración poética que se relacione con su experiencia. No se debe dar a los otros ninguna información objetiva sobre la experiencia.

Después de esta etapa preliminar, comienza el corazón del ejercicio. Como en el habla preciosa, el facilitador hace una pregunta relacionada al tema (por ejemplo: "¿Qué me pasa a mí cuando estoy con un amigo?"), o comienza una oración para que los participantes la completen (por ejemplo: "En un momento de silencio en la naturaleza yo me di cuenta que..."). Los participantes responden en voz alta, libremente y sin un orden específico, cuando sea que una respuesta significativa aparezca en su mente. No obstante, es importante mencionar que se les pide hablar *desde* su experiencia seleccionada, no *sobre* ella. Para hacer esto, cada uno se sumerge en su propia experiencia y se expresa como si la estuviera experimentando en ese momento. Un ejemplo puede ser: "Cuando miro a tu rostro siento que no hay distancia que nos separe el uno del otro".

Los participantes continúan hablando *desde* sus respectivas experiencias por unos cuantos minutos. El facilitador puede presentar entonces otra pregunta que resalte una perspectiva diferente del mismo tema, y después una tercera pregunta. Aunque los participantes saben muy poco acerca de las experiencias de los otros, el resultado es una rica polifonía grupal sobre un tema común.

12. Enriquecimiento (Enriquecer una experiencia personal)
Este ejercicio, también, está diseñado para conectar ideas del texto filosófico a experiencias personales. Sin embargo, distinto al ejercicio previo, aquí el grupo completo se concentra en la experiencia de una persona y la enriquece al resonar con ella.

El facilitador comienza pidiendo a todos que seleccionen una experiencia reciente relacionada con el texto (por ejemplo, un repentino encuentro con una sensación sublime, si el texto es sobre lo sublime). Entonces un voluntario dice un par de oraciones *desde* esa experiencia (esto es contrario a describirla desde el exterior), por ejemplo: "Mirando al infinito bosque alrededor de mí, siento que soy una partícula en el espacio infinito". Los otros entonces resuenan con esta experiencia hablando *desde* ella, como si ellos mismos la estuvieran experimentando en ese momento, agregándole facetas adicionales y enriqueciéndola de ese modo. Es importante que ellos no traten de adivinar lo que el voluntario de hecho experimentó, porque eso ya no es relevante. Ahora ellos están construyendo juntos una nueva experiencia imaginaria que, aunque está enraizada en la experiencia personal del voluntario, no tiene que ser fiel a ella. El resultado es una rica red de ideas y significados que rodean la experiencia seleccionada.

Si el tiempo lo permite, el grupo puede moverse después a la experiencia de un segundo voluntario y enriquecerla también.

C. *Integrando y concluyendo la sesión*

Después de cerca de una hora de contemplación del texto, usando algunos de los ejercicios anteriores, parece ser momento de comenzar a concluir la sesión. Aquí queremos que los participantes miren la sesión como un todo, den voz a sus respuestas personales y compartan con los otros lo que han experimentado.

13. Dar voz

Dar voz es un procedimiento contemplativo que permite a los participantes dar voz a su propia visión filosófica, bajo la forma de una respuesta personal al texto como un todo. Por lo tanto, requiere más pensamiento creativo y expresión personal que los ejercicios arriba descritos. Usualmente se practica por medio de la escritura, para permitir un desarrollo más completo de la voz personal de uno. El ejercicio típicamente se practica hacia el final de la sesión, después de que el grupo ya se ha inmerso dentro del texto y ha desarrollado una comprensión más profunda de lo que dice.

La mayor parte del ejercicio se practica de manera individual, aunque en la presencia del grupo. Todos sentados juntos en silencio y reflexionando introspectivamente sobre el texto que ahora conocen bien, ya sea con los ojos cerrados o deslizándose suavemente sobre el texto. El facilitador puede hacer una pregunta guía para dirigir su reflexión.

A su propio tiempo, los participantes notan comprensiones profundas que emergen espontáneamente en su consciencia, y entonces las escriben en varias líneas con palabras concisas y poéticas. En las sesiones presenciales cada uno puede escribir en una hoja de papel, mientras que en las sesiones online pueden escribir en el documento grupal compartido (como es el Google Doc). Sin embargo, incluso en las sesiones online, a veces es provechoso escribir primero en una hoja de papel personal y sólo después copiar las palabras en el documento digital compartido. Hacemos esto porque el proceso mismo de escritura a mano tiene un poder contemplativo, ya que el trazo cuidadoso de las letras sobre el papel ayuda a mantener la mente enfocada y calmada, y a liberar más comprensiones profundas.

De manera distinta a la escritura ordinaria, dar voz se hace mientras los participantes siguen en el estado mental contemplativo alcanzado previamente en la sesión. Para mantener este estado contemplativo, la escritura se hace en un estilo preciso y poético. En consecuencia, la escritura expresa una voz más profunda dentro del escritor, más allá de los patrones del pensamiento discursivo normal. En este sentido, dar voz es similar al procedimiento del habla preciosa, pero ambos son diferentes en aspectos importantes: En el procedimiento de habla preciosa reaccionas a una idea que te es proporcionada por el texto, mientras que cuando das voz tú eres la fuente de las ideas y eres libre de dar forma a tus propias comprensiones filosóficas. Y, ya que al dar voz puedes escribir varias oraciones —en contraste a una única oración en el habla preciosa— puedes desarrollar tus comprensiones profundas de manera más completa y creativa.

Así, dar voz puede considerarse el más elevado estado de una actividad contemplativa: Después de estudiar un texto y ahondar en su red de ideas, y después de contemplarlo al resonar con él y con tus compañeros, ahora eres tú mismo un filósofo profundo, dando voz creativamente a tu propia visión.

14. Poema grupal

Este ejercicio también se practica hacia el final de la sesión, después de que el grupo ha estudiado y contemplado el texto completo. Es similar al ejercicio de dar voz, con la principal diferencia de que aquí los participantes escriben un solo texto común. Para hacer esto, cada participante escribe dos líneas poéticas, y después las líneas de todos se juntan en un poema grupal unificado, expresando así el espíritu de unión.

Para comenzar el ejercicio, el facilitador pide a los participantes que cierren los ojos y evoquen el texto como un todo, o que lean el texto nuevamente de manera gentil y en silencio. Mientras hacen eso, deben prestar atención introspectivamente a las comprensiones profundas que puedan surgir en sus mentes. Después de esta breve reflexión, el facilitador pide a cada uno o una que formule su comprensión profunda en una forma poética, en un verso de dos líneas, como si escribieran parte de un poema.

Los participantes ahora guardan silencio mientras están dedicados a escribir por varios minutos. El estado mental contemplativo es mejorado por la naturaleza poética de la escritura, porque el pensamiento poético canaliza la mente para escuchar el flujo de las palabras e imágenes.

Después de cinco minutos, cuando todos han terminado de escribir, los participantes reúnen sus respectivas líneas poéticas y las colocan una debajo de la otra, combinándolas así en un poema grupal. En una sesión online, esto se puede hacer en un documento compartido, como Google Doc. En un encuentro presencial, los participantes escriben en pequeños pedazos de papel que son colocados sobre el piso o en una mesa al centro del círculo.

Finalmente, el poema grupal completo se lee en voz alta varias veces y los participantes pueden sugerir ajustes en los pronombres o tiempos verbales, para hacer el texto más coherente y fluido.

15. Dibujo filosófico

En este ejercicio, también, los participantes resuenan con el texto como un todo, pero lo hacen dibujando en una hoja de papel en vez de escribir. Esto les permite dar voz a comprensiones profundas que no son fáciles de articular en palabras.

Para comenzar el ejercicio, el facilitador pide a los participantes que gentil y silenciosamente reflexionen sobre el texto como un todo, y expresen su encuentro con el texto en un dibujo. Para evadir el pensamiento conceptual, el dibujo debe ser abstracto, sin objetos identificables (por ejemplo, un corazón o un sol), y sin escritura.

Cuando los participantes han terminado, colocan sus dibujos en una mesa en el centro, o en sillas alrededor de la habitación, como en una exhibición de arte. Caminan libremente alrededor de la habitación e inspeccionan los dibujos. Para crear una interacción activa, el facilitador coloca una hoja de papel en blanco junto a cada dibujo, y pide a los participantes que escriban una propuesta de título para cada dibujo. Esto pretende servir como una devolución sobre los significados que puedan estar ocultos en el dibujo, y que incluso su creador puede no haber notado. Después de esto, todos se sientan de nuevo, muestran su dibujo a los otros, leen en voz alta las propuestas de título que recibieron del grupo, y explican su intención original.

Este ejercicio está diseñado para grupos presenciales, y es difícil de realizar en una sesión online.

16. ¿Qué me llevo de la sesión?

Antes de terminar la sesión, es una buena idea emplear los últimos momentos para ver en retrospectiva la sesión como un todo y compartir con los otros lo que hemos recibido de ella. Esta es la función del simple procedimiento de "¿Qué me llevo de la sesión?".

El facilitador formula una pregunta de síntesis como "¿Qué te llevas de la sesión?" y los participantes responden brevemente y en orden libre, compartiendo las ideas, comprensiones profundas y experiencias que los han tocado.

Capítulo 12

DESPUÉS DE LA SESIÓN

Una sesión de contemplación filosófica sólo dura unos noventa minutos, más o menos. ¿Qué nos ocurre cuando termina?

Recolecciones

Durante la sesión contemplativa experimentamos una sensación especial de presencia, preciosidad y realidad, y esperamos que no desaparezca por completo después de la sesión. Es probable que la experiencia en sí misma no continúe durante mucho tiempo, ciertamente no con la misma intensidad, pero lo importante no es la sensación placentera en sí misma. Queremos conservar la conciencia de la dimensión más profunda de nuestro ser.

Por eso practicamos recolecciones durante la semana. La palabra inglesa "recollection" puede entenderse de varias maneras: Literalmente significa recordar, pero el modismo "recollecting yourself" significa tomar conciencia de uno mismo y del mundo que te rodea. Por último, en una lectura no estándar, también puede interpretarse como re-colectarse; volver a recogerse a sí mismo. En este sentido combinado, cuando hacemos recolecciones, detenemos durante unos minutos nuestra ajetreada actividad en el mundo, recogemos nuestro yo fragmentado, lo centramos, y así recordamos nuestra profundidad interior.

La recolección es un ejercicio breve —normalmente entre cinco minutos y una hora— que un practicante de Filosofía

Profunda puede practicar individualmente varias veces a la semana. El objetivo del ejercicio es reconectar con nuestra profundidad interior, y recordar y refrescar nuestro anhelo por ella y el compromiso de perseguirla. La práctica de la recolección contrarresta nuestra tendencia humana a perdernos en las ajetreadas actividades del día y en la avalancha de palabras que nos asalta constantemente. Contrarresta nuestra tendencia a olvidar lo que es precioso en nosotros y para nosotros.

La forma mínima de recolección consiste en detener durante unos minutos nuestra actividad diaria y volver a nuestro silencio interior. Si esto es todo lo que hacemos, todavía estamos en el nivel de la "recolección básica", porque todavía no es filosófico. Hacer filosofía significa reflexionar sobre ideas fundamentales. Para que una recolección sea filosófica, también debe incluir un contenido que sea filosófico, normalmente en forma de un breve texto filosófico.

Una recolección filosófica puede tener una longitud variable. En una recolección filosófica corta podemos simplemente recitar una oración seleccionada de un texto filosófico que hayamos encontrado recientemente y que nos intrigue o conmueva. En una recolección más larga, podemos practicar la lectura o la escritura gentil de uno o dos párrafos. En una recolección aún más larga podemos contemplar una página o más de un texto filosófico.

Después de la recolección, es útil tomarse unos momentos para reflexionar sobre lo que ha sucedido y formular con palabras lo que has recibido del ejercicio: Una comprensión profunda, una oración poderosa, una experiencia, una imagen. También es útil dejar que otra persona lea periódicamente tu informe de recolección para que te aporte otra perspectiva. Por ejemplo, puedes enviar tu informe semanal a un compañero que sea tu "lector" habitual, para que te haga una devolución por escrito.

Recolección 1: Lectura gentil.

Sentado en mi oficina, termino la primera tarea de la mañana, luego hago una llamada telefónica urgente y apunto una nota.

Ahora me detengo. No quiero saltar a la siguiente tarea de inmediato. Debo detenerme y sentir el silencio y la profundidad, aunque sea sólo por unos minutos. Cuando corro de un proyecto a otro, de una conversación a otra, de una tarea a otra, la vida apenas está aquí conmigo, apenas es real, como una película que adelanto. Déjame estar presente durante un rato y sentir la realidad de mi ser, y la de horizontes más grandes.

Me siento en una silla junto a la ventana, con un ensayo filosófico de Emerson en mis manos: El Súper-alma. Conozco bastante bien este texto, así que lo abro al azar y selecciono un párrafo arbitrario.

Cierro los ojos durante unos instantes, como un pequeño ritual para entrar en un espacio sagrado. Durante uno o dos minutos sigo mi respiración, que se vuelve gradualmente más lenta y tranquila.

Ahora abro los ojos y los dejo reposar sobre el párrafo que había seleccionado. Dejo que se deslicen sobre las líneas muy lentamente, y saboreo cada palabra. A mi mente automática no le gusta esta lentitud, quiere correr hacia adelante; se aburre fácilmente cuando no recibe sus estímulos habituales. No lucho contra ella, sino que ignoro sus exigencias y mantengo suavemente mi atención en las palabras y las imágenes. Escucho el flujo de ideas sin imponerles mis interpretaciones. Ahora soy un testigo silencioso, un receptáculo de ideas, y no me corresponde hacer afirmaciones. A estas alturas, mis opiniones inteligentes se han disipado casi por completo, y dejo que el texto hable dentro de mí mientras flota en mi mente. Las palabras siguen fluyendo con un precioso significado especial. Las afirmaciones de Emerson ya no son meros enunciados, sino maravillosos significados que provienen de otra parte: el Súper-alma, el universo, la *fuente* oculta.

Cuando termino de leer el párrafo, vuelvo al principio y lo leo de nuevo, y luego una vez más.

La quietud me llena ahora. Una gran comprensión profunda crece en mi interior, poderosa pero vaga, casi inefable, y la degusto en silencio durante unos momentos hasta que se desvanece. Entonces me recojo a mí mismo, reúno mis pensamientos y examino cuidadosamente mis comprensiones profundas. Formulo algunas oraciones como un recuerdo de esa comprensión y las escribo en mi diario, antes de levantarme y volver al trabajo.

Recolección 2: Nota filosófica

Sé que hoy será un día ajetreado, así que antes de ir a trabajar dedico unos minutos a leer una nueva página del libro filosófico que tengo sobre la mesa: *La filosofía desde el punto de vista de la existencia* de Karl Jaspers. No tengo tiempo ni tranquilidad para contemplar realmente, pero intento leer algunos párrafos lo más receptivamente que puedo. Saboreo las palabras y las escucho con atención.

Entonces me fijo en la oración: "La filosofía es la decisión de despertar nuestra *fuente* original, de encontrar el camino de vuelta a nosotros mismos y de ayudarnos a nosotros mismos mediante la acción interior". Me detengo a pensar: ¿Qué significa "*fuente* original"? ¿Y cuál es el camino de vuelta a mí mismo? Todavía no entiendo del todo la oración, pero parece querer decirme algo. Sí, ésta será mi oración de hoy.

Tomo una ficha de la pila de mi escritorio y copio cuidadosamente la oración en ella. Mi letra suele ser descuidada e irregular, pero ahora hago un esfuerzo especial para escribir tan bello como me sea posible.

Ya es tarde. Doblo rápidamente la ficha, la guardo en el bolsillo de la camisa y me apresuro a salir de casa. En el autobús desconecto mi mente del ruido que me rodea, saco la ficha del bolsillo y leo lentamente la oración varias veces. Una vez en la oficina me olvido por completo de Jaspers, y sólo hacia el mediodía vuelvo a recordarlo. En la pausa del almuerzo vuelvo a mirar la oración y la susurro varias veces.

De nuevo me sumerjo en mi trabajo, y durante mucho tiempo mi mente está llena de asuntos urgentes. Pero dos horas después, mientras me apresuro por el pasillo, unas palabras de Jaspers afloran en mi mente: "La filosofía es la decisión de despertar mi fuente original". E inmediatamente se produce una burbuja de comprensión profunda: "Mi *fuente original* es el suelo en el que crezco".

Esta comprensión profunda me parece intensa y significativa, y durante unos instantes reflexiono sobre ella, pero aún no la comprendo del todo. Parece una banalidad, pero también es más profunda de lo que mi mente puede captar. La apunto en un papel para no olvidarla. Esta noche, cuando vuelva a casa, reflexionaré sobre ella —quizá incluso la contemple— y la desarrollaré en un pequeño poema filosófico.

Recolección 3: Contemplación caligráfica

Esta tarde tengo por fin algo de tiempo para mí y decido contemplar un rato. Llevo tres o cuatro días fuera de mí, hablando sin parar con compañeros de trabajo, vecinos y amigos. Ahora necesito estar en silencio; no meramente dejar de hablar, sino sumergirme en un mar silencioso de escucha interior. Quiero recuperarme y recolectarme. Elijo un pequeño libro que me parece inspirador, un libro filosófico y espiritual de mi pensador favorito. Me hundo en mi sillón y empiezo a leer. Sin embargo, pronto me doy cuenta de que las palabras no me llevan a la profundidad. Mi mente sigue distraída por la ajetreada mañana y recorre las palabras mecánicamente, sin alcanzar la plenitud de las palabras, los sonidos de las sílabas, las imágenes, el flujo de ideas. No, necesito un ejercicio contemplativo para suspender las palabras y darles plena presencia, para poder saborearlas en mi profundidad interior.

Vuelvo a mirar la página y selecciono un párrafo corto que me parece preñado de significado. Entonces tomo mi pluma caligráfica y empiezo a copiar cuidadosamente las oraciones en una bonita hoja de papel con letra cursiva. No soy un calígrafo profesional, y mi escritura caligráfica dista mucho de ser bonita, pero cuando voy formando lentamente las letras con precisión, prestando atención a cada trazo de la pluma, a cada línea y a cada curva, entonces todo queda envuelto en un profundo e intenso silencio. Los movimientos de mis dedos, el deslizamiento de la pluma, las líneas en el papel, todo está intensamente presente, junto con los maravillosos significados que surgen del texto. No soy yo quien compone estos significados, sino que algo más profundo lo hace a través de mí.

Recolección 4: Conversación interna con un texto

Ayer recibí un nuevo libro de la pensadora española María Zambrano, y hoy empiezo a leerlo. Las primeras páginas me dejan intrigado y un poco confundido. El texto es oscuro, desdibujado por la niebla de metáforas e imágenes. Sin embargo, varias ideas me parecen potencialmente profundas, y quiero conversar sobre ellas con la escritora; sí, conversar con la propia Zambrano, aunque haya muerto hace décadas.

Una conversación con una pensadora muerta, como si estuviera viva y sentada aquí conmigo, puede ser valiosa. El acto de conversar pone mi mente en una actitud especial: Apertura a la voz del otro. Mis pensamientos ya no son sólo mis propios pensamientos privados, sino que trascienden mi yo separado y se mueven entre la otra persona y yo. ¿Por qué no hacer lo mismo con la difunta Zambrano?

Encuentro una sección breve al principio del libro, y la leo en silencio varias veces, mientras escucho internamente las ideas e imágenes, y mis propias asociaciones y recuerdos. Y ahora, como en cualquier conversación amistosa, formulo una pregunta en mi mente y la dirijo en silencio al texto, y a través del texto a su escritora. Escucho internamente la respuesta de Zambrano dentro de mí, y cuando la recibo en la forma de una espontánea burbuja de pensamiento, entonces reflexiono en silencio durante un rato, y luego respondo con un comentario o una nueva pregunta.

Al principio me siento un poco tonto al hablar con una filósofa muerta, pero sé que en el nivel de la profundidad interior las distinciones entre vivo y muerto, y entre yo y otro, ya no son importantes. En lo más hondo de la profundidad, sólo hay voces de la realidad humana. Y entonces continúo.

Durante un tiempo, mi intercambio con Zambrano resulta algo forzado y artificial, y es difícil saber qué proviene de mi escucha interior y qué de las invenciones arbitrarias de mi mente. Pero, poco a poco, las palabras en mi interior adquieren presencia y preciosidad, y nuestra comunicación se profundiza. Mis pensamientos ahora son parte de un reino más amplio de voces que dan a luz, de vez en cuando, a una burbuja de percepción profunda.

Más allá de las recolecciones

Después de mi recolección, regreso a la ajetreada actividad del día, pero el espíritu contemplativo continúa envolviéndome. De vez en cuando afloran en mi conciencia fragmentos de mis recolecciones, que atestiguan que mi contemplación no ha desaparecido del todo. Estoy de nuevo en mi yo ocupado, sin embargo, también he recibido una dimensión adicional en mi ser. No soy completamente el mismo.

Pero tampoco he cambiado del todo. Mis antiguos patrones psicológicos siguen activos en mí, no obstante — ¿cómo describirlo?—, el mundo es más grande a mi alrededor. Soy como un viajero que ha recorrido tierras extranjeras a través de los mares, y que ahora regresa a su ciudad natal, la misma persona que se fue de casa hace años y que, sin embargo, es diferente. Mis hábitos son los mismos que antes, así como mis habilidades, mis debilidades y mi forma de hablar; los demás no pueden detectar fácilmente ninguna gran diferencia. Sin embargo, mi mundo es más grande ahora, porque pertenezco a horizontes más amplios.

A veces mis horizontes más grandes son gentiles como un recuerdo fugaz, y a veces me acarician con su suave presencia, o me inspiran con generosa plenitud. A menudo son tan frágiles que su presencia apenas marca una diferencia, pero incluso entonces su promesa permanece conmigo y despierta profundos anhelos. Incluso un simple anhelo te convierte en una persona diferente hasta cierto punto.

Sigo practicando mis recolecciones filosóficas, y una vez a la semana participo en sesiones contemplativas con mis compañeros. Así es como Filosofía Profunda me mantiene viviendo en una realidad más amplia. Incluso cuando me pierdo en mi actividad cotidiana, incluso cuando me irrito o me enfado o me tientan las distracciones tontas, sigo teniendo en algún lugar dentro de mí el conocimiento de que pertenezco a dimensiones más grandes. No soy sólo psicología, soy parte del océano. Uno no es el mismo cuando forma parte de algo tan vasto.

Podrías llamarlo "auto-transformación", siempre que recuerdes que gran parte de mí es la misma de siempre, y que ninguno de los cambios es definitivo. Las dimensiones más grandes nunca te son dadas como posesión final, sólo como un préstamo. Debes seguir alimentándolas, o de lo contrario se marchitan y desaparecen.

www.ingramcontent.com/pod-product-compliance
Lightning Source LLC
Chambersburg PA
CBHW062038120526
44592CB00035B/1315